火鳳凰

袁家倫 | 著

前言

　　一個女子生長在一個極權封閉的國家，從小接受洗腦的教育，對外面世界毫無認識，思想純潔又單純。是什麼原因失去了繼續升學的機會，與世無爭卻受連番打擊，被迫下鄉幾年，為了自由拚死一搏，投奔怒海，再接再厲，失敗了四次最後獲得成功。身無分文，無依無靠，在異地打拚，好容易有個立足之地卻又為了兒女移民美國，重新適應一個新國度，再上大學完成一個朝思暮想的夢。但又得惡疾纏身得了肺癌，又得為生命掙扎奮鬥，發出生命的火花。在這個瘋狂年代就像飛出火海的鳳凰，發出正能量，希望鼓勵眾人，在絕路中千萬不要放棄，珍惜生命，尋找重生的契機。

羊城舊事

頑強的小生命

　　我是與中華人民共和國誕生的同年人，是我們家的長女。一九四九年六月十九日這一天傍晚，晚霞把整個珠江河畔染得通紅，又像往常假日一樣，叔伯們都聚在我奶奶家吃晚飯。

　　我奶奶家就在珠江南岸的一幢樓房的二樓，這是租借一個華僑的，坐北向南，從大廳的窗子望去，可以望見海幢公園的高大的老榕樹，以後窗望去呢，那就是北岸愛群大廈尖尖的頂子，還可以聽到海關大鐘樓那清脆的鐘聲。

　　飯菜擺在桌面上了，可誰也沒動筷子，大家都在焦急等待著我家第一個孩子的誕生。涼爽的南風傳來了隱隱約約的炮聲。最小的六叔在讀報紙，解放軍已經臨近廣州了！五叔和二伯在輕聲交談著，爸爸焦急地在走廊上踱著步，姑姊和二伯娘正忙碌地遞這遞那。

　　最緊張的還是我的奶奶，她雖然替別人接下過上百個嬰孩，可是這次是接她第一個小孫孫啊！

　　時間一分一秒地過去了，「轟！轟！」在一連串的炮彈響過之後，「哇……」一個嬰孩的響亮的哭聲把大家嚇了一跳。「好大的嗓門！」大家心裡像放下一塊石頭，相視地笑了。

「是個女孩子！」五姑姊抱著來對大家說，接著奶奶用毛巾套著我抱了出來，叔伯們爭先恐後地小心地抱著我，特別我的二伯娘還用臉親我，她多麼希望有一個孩子。

可我卻手腳不停地亂蹬，尖響的哭泣聲震響著大廳，爸爸笑著說：「真是一個刁蠻公主！」可是我媽媽聽到這響亮的哭聲，卻安心地笑了。

那時候叔叔姑姑姨姨都沒結婚，第一個小孩，我成為全家的寶貝。五六個月的我，便成為大家在空閒時間的樂趣。他們最高興地把我抱到窗子「睇街街」，我便會手舞足蹈地發出嬰兒古怪的笑聲。

爸爸媽媽也十分喜歡我，每逢發了工資，他們便給我打扮，抱著我去照個相，現在看一看從前這些照片也是十分有趣的。我是兄弟姊妹中照片最多的一個。

我從小體弱多病。可是當我十一個月的時候，突然瘦了下去。發高燒，連續地抽筋昏迷不醒，真把年輕的媽媽嚇壞了，她望著我瘦黃的小臉，禁不住哭了，這孩子能養活嗎？經醫生的診斷，這是一種肺結核病。

小小的年紀怎麼能傳上肺病呢？這還得從我媽媽說起，媽媽在十幾歲時死了父親，婆婆領著我媽媽和兩個妹妹，回了娘家住。婆婆在火柴廠工作，用微薄的工資養活一家人。媽媽從此失了學，十五歲就擔起了生活的重擔。外婆把媽媽給了她的大伯並且帶到了南京，媽媽的大伯是開診所的，媽媽從此當上了一名勤雜的小護士。同時也做遍了小丫頭所做的事。九一八，日寇把戰爭的烽火燒向我國領土，從此我國錦繡的河山，便在日寇鐵蹄之下踐踏。他們到處橫行霸道，燒殺搶，國內硝煙瀰漫，五億同胞正在死亡線上掙扎。不

久，日寇把戰爭的鐵蹄踏向南京，南京淪陷了！廣州也淪陷了，戰爭的硝煙隔絕了媽媽與外婆唯一的書信聯繫。微薄的一點點工資也不能寄回家了，媽媽由於看到日寇的胡作非為，又懷念著遠方的媽媽和妹妹，同時寄人籬下的生活使她再也不能忍受下去了，她在這種情況下感染了肺病，那時候肺結核是沒有治療的藥，而且還會傳染給人。媽媽是個挺堅強的人，她一個人躲進山裡，靠每天吃大蒜治好了自己，這需要多大的意志力！媽媽的堅毅都是我一生的榜樣，使我禁得起無數疾病的煎熬。經過抗日戰爭，終於把日寇趕出了中國。在這時媽媽就回到了廣州，外婆領著兩個妹妹在外逃難也回來了，爸爸媽媽才結婚，以為她的肺病全好了，想不到媽媽把結核病傳給了女兒。

女兒又染上了這個病，怎能使年輕的母親不痛心呢？為了給我治好這個病，媽媽把我送到奶奶家來了。因為我家環境不好，那時我家在德宣路的一間小屋子裡，裡面又黑又窄，爸爸用木板釘了一個小樓閣，放些東西。當時媽媽又找不到工作，就從外面訂些機械零件來自己加工，爸爸在下班回來之後，又在家當了「師傅」。因此，這裡則是潮濕黑暗而充滿了混濁的機器油味的小房間。

為了治好我的病，奶奶和姑母操盡了苦心。奶奶雖然是爸爸的繼母，但她對我十分照顧，那時已經有了治好肺病的特效藥，她給我餵藥打針，做有營養的食物。每天早上，就由姑母把我背到海幢公園，據說呼吸新鮮空氣則可以好起來。這是我小時候最快活的時候，可以在青草地裡打滾，剛會學走的搖搖晃晃的步子和蝴蝶、蜻蜓捉迷藏，在海幢公園

火鳳凰

晨風的淋浴下，我居然一天一天地好起來，不久就能用小鴨腳走遍房子的每一個角落和能清楚地叫爸爸媽媽和叔叔了。

從這以後，我不是咿咿呀呀地唱，就是口不停地説話，活像小麻雀似的，在廳子裡飛來飛去，叔叔們都非常喜歡這個口齒伶俐活潑的小娃娃。

但是由於身體虛弱，不久，我又患上了「百日咳」。在一連的猛烈聲後，面色便憋著通紅，媽媽望著我真是心痛極了。特別在哭的時候，除了一陣陣的咳聲，還經常嘔出飯菜渣渣，因此姑母和奶奶在這時特別嬌慣我這個第一個的小孫女，別把我哭壞了。我的生命給她們的愛心救回了。

媽媽和奶奶，經常給我打針，我卻從來也不害怕，也不哭鬧，歡歡喜喜地把藥一下子吞了下去，當屁股已因打針成了一小硬塊的時候，我的病也便好了。

頑強的小生命終於戰勝了疾病，不過各種的病魔老是纏住我不放，在我一生中，得病的次數比常人多，不是因為我堅強面對，從小是病多了，不覺得是一回事罷了。

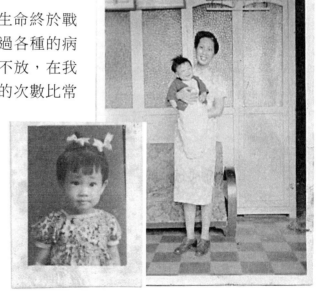

羊城舊事
頑強的小生命

外婆外公

　　我外婆的名字叫曾憲成。很奇怪，在她出生的時候，當女孩子還要纏足的時代，她怎會有個男孩的名字？她的父親是個縣官，湖南人，也不知是不是當時推行了什麼憲法，那條憲法成功了，所以給她取這個名字。這些我的外婆從來也沒有告訴我，她是個非常沉默寡言的人，喜怒不形於色，年輕的時候就有個外號叫木美人。

　　外公外婆的婚姻當然是當時的奉父母之命，媒妁之言。葉謙家族是當時的顯赫人家。葉家三兄弟都曾到日本留學。我外公是老三，叫葉天星，有天突然失蹤，跟著他的兩個哥哥和孫中山先生鬧革命去了。他大哥葉夏聲，當年是孫中山大元帥府的祕書長，「五權法」起草人。二哥叫葉毅民，是孫中山的近身隨從醫官。但在我媽媽十二歲時傳來的消息是外公死了。到底情況是怎麼樣，也沒有半點消息，那時候是戰亂，死個人都是平常事。在二〇〇〇年左右，葉家找到了葉天星的消息，據說這人是國民黨的名人，曾經當過無間道，把原來的身分都換掉了，潛伏了多年又用回原名出現在世上，可是這個人是不是我的外公已經不重要了，他是否英雄還是狗熊也已經不重要了，對我們家來說，他只是一個拋妻棄子不負責的男人，外公早就在外婆和我媽媽姊妹心中死去，永遠消失了。

火鳳凰

外婆就這樣帶著三個未成年的女兒投靠娘家。這時她父母已經去世，家裡還有繼母和同父異母的弟妹，年年不斷的戰亂，走難，日子有多苦可想而知，我媽媽從小出去工作賺錢來養活兩個年幼的妹妹。外婆纏足，也難外出工作。小時候我老是向外婆追問外公的情況，她搖搖頭，眼裡一片茫然，沒有抱怨也沒有一聲嘆氣。

　　我出生後外婆一直照顧我到四、五歲，等我姨母有了孩子，她就去亞姨家幫忙去了，但有時間她也回來看我，跟我同睡。她長得很清秀，身材嬌小，腳是被纏過了後來又放大了，可是已經長成了畸形不正常了，走路也是小步小步地走。晚上她都要用熱水輕輕去按摩腳，我想一定是她的腳不堪負荷。她的小腳很難買到合適的鞋，可是她會做鞋子，她收藏很多碎布可以黏起來做鞋底，還會繡花在鞋面上。我長大後曾跟她學過納鞋底，可是都沒有她手靈活。

　　她跟我同睡一張床，她不像一般老人家會抱抱親親孩子，更不要說講故事了，就是連笑容也欠奉。天氣熱的時候，她怕我熱，一直不停地替我打扇子，同時也要把蚊子趕走才能把蚊帳放下。寒冬的夜裡，要是我要尿尿，她就會把我用棉衣裹好，把尿盤子端到床上來了，半步也不會讓我下床。那時候經濟困難，父親公司發了高級餅券，外婆就帶我排隊買高級餅，排了半天只買到兩個，她靜靜地就看著我當場把餅狼吞虎嚥全吃了，還輕輕地拍著我的背，生怕我被嗆到了。

　　我吵著要跟她玩，她會從抽屜裡拿出一把玉器，有小小的玉杯、玉碗、鐲子等等給我當玩具，那時候玉器還沒有糧票值錢呢。外婆就咕咚咚地抽著水煙在旁邊看著我玩。那時

候我們小孩子都沒有什麼玩具，我又看上了她水煙壺了，這是用黃銅造成的，很精緻。趁她一個不注意我馬上吸了一大口，誰知那些水又苦又辣，嗆得我吐完又吐，以後都不敢碰她的煙壺。無論我怎麼調皮撒野外婆都不會責罰我，只是在旁邊靜靜地漠然地看著我停止哭鬧為止。有次我想故意激怒她，我把乾淨的毛巾丟在地下，用腳去踩，自己躺著地上打滾大哭大鬧。外婆一點也沒有生氣，等我連眼淚都流不出了，聲音都啞了，就幫我換件衣服。小時候的我被培養得多麼乖巧，因為我知道任何的撒野都沒作用。

外婆的聲音很輕，很溫柔，可是就不喜歡跟別人說話，就是喜歡自言自語。她有個白衣觀音供奉在房間裡，每天早晨和夜晚，她都會跪在地上虔誠地唸著經文。她沒有念過多少書，只是小時候她爸爸請了私塾老師教她弟弟時她在旁邊學一下，她學的字一般都從經文和木魚書學回來的。就算是做家務，外婆有時也在喃喃自語，我很想知道她說什麼，可是就是聽不出來。每天晚上，外婆一早就把我抱上床，她又跪在地上跟她的觀音說著那沒完沒了的話，我不耐煩等外婆上床陪我睡覺，我總是不明白，為什麼外婆老是跟小玩具似的觀音說話而不理我，我終於忍不住做錯了一件令我一生後悔的事，到現在也不能釋懷。也許這令我一生災難重重，屢遭天譴。有天我悄悄地把觀音掌上的珠子挖了出來，看外婆知道不？又怎樣懲罰我？我就是要做一件事引起她的注意，就算是打我罵我，總比不言不語強，可是一切都像沒有事發生似的，她照拜觀音無疑。不知道她察覺不到還是習慣了接受一切？也許她在默默祈禱，請觀音大慈大悲寬恕我年紀小不懂事膽大妄為。

火鳳凰

外婆心中最珍貴的依傍——觀世音菩薩和心愛的水煙壺在文革時同一天失去。那一天，紅衛兵到我家抄家來了，美名是除四舊，其實跟搶劫沒大區別。他們搜到外婆房間時翻箱倒櫃卻發現了外婆的嫁衣，我剛剛踏入家門一看，那是鳳冠霞帔啊！我也覺得驚訝，這是我第一次也是最後一次看見的，我也不知道外婆把東西收藏得那麼好，這是她的寶貝，居然沒讓這調皮的孫女找到，我想在她心靈深處，會有更多更多的祕密，她的喜悅、傷心、無奈、悲傷都給她鎖得好好的跟她一起在世上消失掉。

這夥紅衛兵是我們班的同學，省市委的高官二代。在學校他們常還問我功課，我們一塊住在學校裡是學校的武裝基幹民兵，我還是班長，大家親親熱熱，有說有笑的，相處融合。怎麼突然就變了臉？今天我就變成他們口中的「狗崽子」了，他們用棍子敲著地，大聲地斥責我和外婆收藏四舊，是想變天，是反革命行為，把我家裡所有的錢、爸爸心愛的大書櫃、除了床以外的家具、衣服都通通沒收了，連我的棉衣都被拿走，反正家徒四壁，更不要說觀音菩薩了。在我家的牆上，用紅漆寫滿了侮辱我的謾罵詞句。我十一歲的妹妹被嚇得驚慌失措，面無人色。他們走後，我如何能接受這突如其來的大災難？我哭了，外婆摟住我和妹妹，她身體有些顫抖，臉色很蒼白，眼神跟平常一樣漠然，沒有恐懼，沒有仇恨，沒有悲傷，更沒有眼淚，在斜陽的餘暉映照下，她挺著腰桿，不言不語的就像一尊沒有笑容的觀音像。

我不知道外婆沒有了觀音和水煙壺日子是怎樣過的？我更不知把血淚吞進肚子裡的女人內心有多麼強大？我跟外婆唯一的一張照片就是我決定離鄉別井遠走他鄉時，找她到照

相館照了張相，那次她好像有一點點笑容。我最後見外婆時她已經病重，是我把她從河南素社新村四樓背下來再找的士送醫院的。她那時渾身流著冷汗，我卻熱汗淋漓，我生怕我氣力不夠把她摔倒在樓梯上，我每邁出一步腳就震抖，幸好能把她送進了醫院。熱汗和冷汗融匯在一起，這是我跟她學到的冷靜和寬容。她沒有一點遺囑就離開了這世界，就像一股無聲無色輕煙。小時候我真的不太瞭解外婆，我不信她有這麼高深的功力能夠看破凡塵，除清人間七情六欲。到今天我已經是花甲之年，才明白她屬於社會中弱小群體，那卑微的一族用自己獨有的方式在世間上掙扎求存罷了，那自尊和剛強非是用語言來表示的，真是一位值得敬重的木美人。

影攝念紀法護日元年七國民編新

李祿超　　　　楊虎　錢述　　蕭萱　　陳羣　徐維揚　趙超　（葉毅民）

　　　　梅蕚　陳慶雲　張惠長　馬湘　吳雅覺　　黃惠龍　李朗如　梅放洲　毛仲芳

　　　　　朱培德　黃大偉　（葉夏聲）　孫大元帥　　廖仲愷　祁耿寰　黎蓴　周應時

吳鐵城

羊城舊事
外婆外公

打被被的爺爺

　　爺爺在我的印象中只有十分依稀的印象。他一直在香港工作，奶奶和姑婆在廣州帶著一大群孩子。叔叔姑姑們還在念書。解放不久香港跟廣州就不能自由出入，人們去香港要申請。那時候土地改革，分田地，鬥地主，鬧得沸沸騰騰。也許回來怕成為打擊對象，因此爺爺就沒有再回廣州直到去世，那時我只有五歲。

　　我只從我父親口中聽到關於爺爺的事。爺爺小時候離開了家鄉東莞茶山，到香港洋行打工，能說一口非常流利的英語。他娶的大奶奶很早就去世了，她有兩個兒子，大兒子由於小時候不學好，學些三教九流的東西，爺爺是個十分嚴屬的人，最後給爺爺打了一頓，趕出了家門，直到現在還不知去向。小兒子也在年輕時去世了。

　　我的親奶奶，一位在美國西雅圖出生的華僑嫁給爺爺當填房，帶來豐厚的嫁妝，希望資助爺爺做點小生意。她生了三個兒子，我爸爸是她第二個兒子。也許她不能習慣在廣州生活，太思鄉吧，得了憂鬱症，當孩子很小的時候就撒手人寰。爺爺再續弦，娶了三奶奶何氏，生了一男兩女。

　　爺爺是個十分正直的人，他只憑著自己正直的本性教子女，希望子女能成為有才德的人。小時候，爸爸把我抱在膝蓋上也講起了爺爺給他講的故事，直至現在，我的印象還

十分深刻。在那大魚吃小魚，小魚吃小蝦的社會裡，一個外國人想用一部專門利用人的貪財去騙錢的鈔票機器來騙我爺爺，可是他看錯了對象，爺爺看穿了他們的陰謀，沒上他們的當，他用他的經歷去教導子孫千萬不要貪財，貪財便會陷入痛苦的深淵，因此現在回憶起來，還是十分十分有意思的啊！

我回鄉之後，聽到爺爺的故事就更多了，爺爺年輕的時候當過游泳場的救生員，鄉間的老爺爺們，經常給我說爺爺能躺在水裡吃荔枝、看報紙的故事⋯⋯

可是，小時候的我卻不喜歡爺爺，解放後他只回過廣州一次。我還是很小卻是一生難忘。因為他不像其他叔叔伯伯一樣，親熱地把我抱在懷裡。爺爺喜歡我，但卻有時打罵我，我受到第一次責罵，那就是我爺爺。

當第一個妹妹家波出世之後，我不單像麻雀在大廳裡飛，而且在檯面上跳來跳去，用小凳子爬上窗臺，向外探望，望到奔馳的汽車就不由大聲歡呼起來，是個活潑調皮的小傢伙。

妹妹的奶瓶就放在那高高的檯面上，奶奶就是每天用小刷刷乾淨奶瓶，然後放進鮮奶，這是一件多麼有趣的工作啊！我多麼希望爬上去，讓小刷子刷一下，讓乳白色的水流出來啊！可是這玻璃易打碎的，奶奶是不許我走近的。

可是有一天，我終於忍不住了，悄悄爬上去，用小刷子使勁地刷。「乓乓」奶瓶和奶杯發生響亮的碰撞聲，奶奶急忙趕了出來。「快下來，妳會打碎的！」奶奶焦急地說。「我偏不，我歡喜洗。」我倔強地大聲說。這時，高大的爺爺出現在我的面前。「快下來！」爺爺厲聲說。「不！我

不！」我高喊著。直到爺爺舉起了手中的木棒以後，我才一溜煙地跑到姑母房間，鑽進被窩裡去了，委屈地哭了起來。爺爺走進房子裡來，使勁地打著我身邊的被子，我還以為騙過了爺爺呢，我得意地向爸爸說：「爺爺打了被被。」

　　有一天的傍晚，奶奶從信箱掏出一張「紙」，奶奶拆開了「紙」看過了就放聲大哭起來，姑母也是淚漣漣的。可是不懂事的我，卻用手指劃著奶奶的面羞她，天真地問奶奶：「妳不是說哭不是好孩子嗎？這麼大的人還哭？」可是這次奶奶卻生氣地不回答我。

　　爸爸媽媽也到奶奶家來了，媽媽悄悄地對我說：「不許問，爺爺死了！」「死了是什麼樣子的？」「不知道東西就是死了嘛。」媽媽很不耐煩地告訴我。可是我終於不明白死到底是一件什麼事。

　　不久，媽媽把我送到外婆處，她和奶奶要到一個地方去，我後來才知道，她們把爺爺的骨灰從香港運回來。聽說爺爺死後媽媽和奶奶申請出香港，卻是過了一年才批准，聽說爺爺也有些財產，到了香港什麼財產都不知所蹤，到底發生了什麼事都不清楚。爺爺的死發生得很突然，沒有留下遺囑。大家都沒有準備。奶奶和媽媽帶回來的只是一瓶骨灰。從此，書櫃上又多了一瓶花白的小瓶子。當然，這又是我從來不准摸的地方了。調皮的我偷偷地爬上櫃子打開蓋子看過那灰白灰白的骨灰，原來弟妹都有這種好奇心，並不單單是我。

　　媽媽從香港帶回一雙小紅皮靴子，說是爺爺送給我的。當我神氣地穿著小靴子在孩子們面前踏步的時候，說不出多麼驕傲。

火鳳凰

此後，每逢清明節，奶奶都會燒些紙衫、紙褲、紙手絹、紙箱和紙元寶給爺爺，我們姊妹都會興高采烈幫忙摺金元寶，見過扶著紙人過金橋如同看大戲，從不會瞭解大人們都憂傷。有時我會想這個身材高大的、嚴厲的打被被的爺爺。直至現在，這個打被被的爺爺還隱約地留在我的腦海中。

中間是爺爺和奶奶，媽媽抱著我。

羊城舊事
打被被的爺爺

沒有資本的資本家

　　當我肺病好了以後，媽媽又把我帶在身邊，接著我弟弟妹妹一個一個接著出生，奶奶實在照顧不來。更重要的是爸爸開了金波儀器廠，外婆和姨母等一些親戚好友都成了工廠裡的工人，大家太忙了。從此，我更像出籠的小鳥一樣了。因為奶奶實在太疼我和喜歡嬌慣我，平日也不許我自個兒離開門口半步。這時我卻變得無人管束，放任自流。

　　那時候大概是五一年，金波儀器廠的誕生也是妹妹出生的年分，所以妹妹名叫家波。爸爸大學畢業不久，在中大教書。媽媽沒做事。外婆一家都需要生活費。媽媽是個孝女，大姊姊，一生像個家長負起外婆家的全部責任，妹妹要錢念書、全家要吃飯都是我媽媽、爸爸去承擔。那時候剛剛解放，政府提出可以借錢給老百姓辦企業。爸爸在大學教書知道學校實驗室需要彈簧秤，靈機一動向政府借了錢辦了金波儀器廠。爸爸教書之餘抽時間指導工廠事務，那麼全家人都有工作了，以為是皆大歡喜，誰知這正是惡夢的開始，爸爸被扣上資本家的帽子，我們被定為出生資本家家庭，永世不得翻身。

　　金波儀器廠就在吉祥路，我和外婆住上小木樓上，木樓很窄，只可以放下兩張木床，在我模模糊糊的印象裡，小木樓的對面是中央公園。爬上椅子向南眺望，透過高大的老榕

樹，還隱約望見「兒童樂園」的鞦韆板兒。那邊是石凳子，有時候還有白鬍子的老爺爺掛上樹上的鳥籠。我多麼希望跑過去仔細地瞧瞧籠子裡的小鳥兒和牠說些話，那時我總以為籠子裡的小鳥都會說話呢。不過到公園的機會總是很少，誰都忙得很，有時晚上還在工作。

樓下總是響著隆隆的機器聲，媽媽和外婆都在樓下工作，媽媽畫圖，婆婆做雜工。在這兒工作的還有幾個親戚和爸爸的朋友，這個小小的車間生產一些教學的儀器，還瀰漫著一股濃濃的汽油味。

可是在這裡卻給了我多少樂趣啊！我是這裡唯一的閒人，我總是跑到大機器的面前，目不轉睛地盯著那飛連續不斷向外噴的鐵花。鐵花兒亮晶晶的像條長鞭。（這些都是無用的鐵屑。）當我揮舞著鐵屑長鞭在門口蹦蹦跳跳的時候，街上的孩子都總是用羨慕的眼光望著我，有的機器竟會嚮往噴射火花，多麼像國慶節的焰火啊。在磨床工作的伯伯也很喜歡我，總讓我坐在旁邊看鐵花花。不過好像沒有人有閒心擔心一個不到三歲的孩子在工廠跑來跑去的安全問題。

在樓上的牆壁上，掛著不知哪個叔叔送給我的玻璃木頭箱子。裡面裝著幾頭白色的米老鼠，箱子裡有檯子、椅子和滑梯，也有上下兩層樓，活潑的米老鼠竟會上樓梯和溜滑梯兒，樓上是牠們的飯店，我總把食物放在樓上，讓小白鼠媽媽帶著小白鼠一起跳上樓吃飯、睡覺。

工廠裡還有許多玻璃管子，拿一個玩多好啊。可是媽媽卻十分嚴厲地禁止我，哪怕是輕輕地摸一摸。她看見我喜歡到處亂跑，媽媽開始擔心了，怕我偷偷開電閘，怕又把小手

放在會滾動的小輪子間，怕我打碎玻璃儀器，怕我從樓上摔下來……所以，她決定把我送到托兒所裡去。

私立昌明托兒所在我家不遠，每天就由外婆把我送到托兒所去，托兒所很小，外面是一個園子，園子裡只有一個沙池，在我模糊的印象中，走過了園子，就是一個大廳，大廳擺著六張大床和一些玩具，在牆角擺著鋼琴，廳子的門口有個木柵欄，沒有家長來領小朋友，誰也不准走出門口去。

幼兒園有一個老師和一個阿姨，這個老師很滑稽，三四十歲了，頭上戴著一頂像小丑那樣有毛絨絨的小球的帽子。她會用兩隻手戴著小木偶、猴子和狐狸給小朋友唱歌和做鬼臉兒。阿姨很年輕，我最喜歡她，每當我哭著吵著要回家的時候，她總是輕聲地哄著我，用玩具逗我。

剛到幼兒園，一切都十分陌生，我常哭著要回家去，老愛吵鬧，常因小事就哭泣，可是後來就漸漸地習慣了。樂意聽阿姨講故事和做遊戲。我學會了拍皮球和駕駛三輪車，讓小朋友放上後面的座位上，得意和神氣地在廳子裡穿來繞去。

「鈴……」鈴聲響了，小朋友要睡覺了。我最討厭是午睡，我總是千方百計地想躲起來。不行，小阿姨發現了，一把把我抱到大床上，小朋友全在大床睡覺，老師那裡眼珠兒在那小丑帽下惡狠狠地盯著我，我委屈地要哭起來，這會影響所有的小朋友睡覺的，小阿姨把我抱起來，走到鋼琴前，把我放在膝蓋上，阿姨打開了琴蓋子，熱練地彈出了柔和悅耳的曲子，樂曲彈得多麼像她給我講的故事啊，陣陣琴聲彷彿告訴我，在那遙遠的有個綠色的森林，森林裡開著無數的

鮮花。樹葉在沙沙地響，小溪在叮叮咚咚地流著，小鹿在悠閒地散步，小兔在草叢中遊戲，小鳥在樹枝上……

琴聲又悅耳又悠揚，小阿姨沉醉在音樂中，我裝著睡閉上了眼睛，小手卻悄悄地伸到那琴鍵上，猛然一按。「嗚」低沉地響了一聲，就像老虎在那兒低沉地叫了一聲，什麼動物也跑得無影無蹤，小阿姨責備地看了我一眼，我趕緊羞愧地閉上眼睛，竟後來也真正地睡過去了。

不到半個學期，我便口齒伶俐地向工廠裡的叔叔唱出了「中華民族到了最危險的時候……起來起來……」聲音又響又大，最初的教育竟是國歌？叔叔們都很喜歡叫我唱歌和跳舞。

傍晚，外婆把我從幼兒園裡領回家了，我們在那小小的木陽臺上，看著那滿天美麗的彩霞，吃得了晚飯，通常是兩個鹹蛋和一小碟子青菜，外婆往往把一個鹹蛋留給我吃完飯吃，我總是把蛋搞穿一個小孔，用筷子往裡挑著蛋吃，一點點吃。或者是乘著涼風，望著滿天閃閃的星星，口裡總是唱著那唱不盡的歌。

不久，我們又搬家了，我家搬到中山四路榨粉街，別了機器房子和可愛的小阿姨。這時是五三年公司合營三反五反，金波儀器廠變成了中西科學儀器廠也搬了到中山四路的城隍廟，變成了國營事業。儘管爸爸沒收過工廠的利息，把工廠無條件奉獻給國家，還是脫不掉資本家的帽子，就連我們第二代一生受歧視。

我穿著嶄新的棗紅色的工人褲，每逢學校放假我跟著外婆上班，手裡還提著銀色的飯盒，我又聽到那可愛的大機器，在有節奏地歌唱著了。我的一家都在工作，父母白天都

上班了。媽媽在廣州手錶廠工作，由於工廠較遠，而且常常出差。一去就是幾個月，甚至幾年，爸爸在氮肥廠工作後又調到廣州化工局，我常常沒見爸爸、媽媽的面。只知道他們很忙。

我經常和外婆生活在一起，外婆是個老工人，還是纏著小腳，解放前她飢一頓、飽一頓做一些簡單的工作，如裝火柴盒子，或在肥皂工作。在中西科學儀器廠工作時她已經背有點駝，耳有些聾了，她在中西科學儀器廠當雜工打掃衛生、遞信件和看電話。中午她從飯堂打回了熱騰騰的飯，我馬上三口兩口地吃完了。然後把叔叔亞姨的寫鈍了的鉛筆都收集起來這是叔叔給我的工作，削鉛筆，而且是我十分喜歡幹的工作。

這工廠原先是城隍廟，聽外婆說，她最怕進這座陰森、可怕的廟宇。這裡供奉著城隍老爺、判官和小鬼，這些猙獰的鬼怪，居然成了主宰。長年累月，香火不熄，在正殿的兩側，各種刀山、油鍋和拔舌根等地獄慘狀，叫人目不忍睹。在廟前的兩側還擺著許多占卦的小攤子，大多數都是瞎人，聽說那個卜卦最準的何盲子，口袋裡常是帶著塊枯骨。我還看過小黃雀替人抽籤，把籤紙叼出來。

就在這閻隍殿裡，改起了工廠，廟前的兩側是工廠的辦公室和繪圖室。這邊鉗工叔叔叮叮咚咚地敲打著機件，那邊車刀在飛快地轉著。啊，電銲工正在點燃著那刺眼藍色的小火花，忽然又發出白光……這是我最愛看的。

你猜削鉛筆是怎麼削的？才不是用小刀呢，這裡有削鉛筆的「機器」就是裝在對面辦公室的樓上。叔叔們都認識我，我可以像工人一樣在工廠裡神氣地到處跑。我一口氣地

火鳳凰

跑上二樓，有些叔叔還在那裡吃飯，把鉛筆往洞洞一塞，用手輕輕地搖著鐵把，木屑就從另外的洞裡捲捲地出來，幹這工作還是要小心的，力大了，鉛筆就會折斷。我仔細地搖著鐵把，刨好了一枝又一枝的鉛筆。當下午上班時叔叔阿姨滿意地拿起那尖細的鉛筆繪圖時，總是向外婆異口同聲地稱讚我，不過那畢竟還是小孩家的工作。

有幾天，我真的幹了大人的活兒，因外婆調到財廳前的供銷部工作。因為放假，我便跟著外婆上班。這裡沒有轟隆隆的機器，那沒有熟悉的汽油味。這全部都是生產品。要推銷的科學儀器。有亮晶晶的玻璃器皿和輕巧的天平以及彈簧秤和各種我叫不出名字的東西了，反正都是要輕手輕腳放置的東西，外婆再三吩咐我別動那些東西。

外婆在二樓工作，她的工作就是把石蕊試紙放在小瓶子裡，然後用蠟把它封起來，我記得是中間放著張桌子，桌面上放著那黃色的紙條，那就是石蕊試紙了，有幾盞酒精燈，上面熔著蠟，女工們就團團圍著那桌子坐著，我和女工們一塊幹起來，幫忙把紙放在瓶子裡，多有趣的工作啊！越幹越愛幹，越幹越起勁，一點也不覺得累。

最有趣的還算是石蕊試紙，把它放在肥皂水裡，它會變成藍色，把它放在醋中，又會變成紅色……，下班之後，我口袋裡裝滿了那些廢了的試紙，我把它含在嘴中，看什麼顏色，把它放在溝渠中、放在土壤裡，看看這小魔術家變什麼戲法，看它到底變了什麼顏色。我根本不知道什麼公私合營，也不知這是爸媽放盡了多少心血的工廠結果是屬於了國家。不過爸爸的朋友卻過不了這一關，被鬥爭而自殺的不少。我一直都沒有聽過爸爸媽媽抱怨過，其實他們對做生意

不太感興趣。爸爸後來一直是化工局的工程師，媽媽是手錶廠的技術員，後來也當了工程師。

　　我愛上了工廠，長大了想當一個工人，這就是小時候的我立下的一個志願。在六年級的時候，我寫了〈我的理想〉這一篇文章。我就熱情地寫著，當一個創造人類財富的工人，在初三畢業選擇學校的時候，我毫不猶豫地報考了第一輕工業學校。不過我卻意外地被分配到當時的重點學校市二中。我被教育：青年人不該有什麼個人的理想，應該做一顆螺絲釘，服從黨的需要就是你的需要，黨的理想就是你的理想。

火鳳凰

教堂和幼兒園

　　也許有點奇怪，教堂和幼兒園有什麼關係呢？因為小時候我上的幼兒園原先是教會開辦的，叫惠愛堂幼兒園，後來已經被政府接管。就在中山四路農民講習所的隔壁。惠愛堂幼兒園很大，外面是一個木柵欄，旁邊有一間小屋子，屋子裡坐著一個和藹可親的老伯伯，有一個可愛的小銅鈴放在桌子上。每天，老伯伯總是搖著那清脆的銅鈴子，讓我們走進教室。

　　一進木柵欄，迎面是一座大樓，樓上是孩子們的禁區，阿姨叫樓上「禮拜堂」。有的小朋友告訴我，上面有一個愛孩子的老爺爺叫耶穌。

　　大樓的後面是我們的幼兒園，進門中間是一個大禮堂，禮堂有一個檯子，檯子上有一架鋼琴，四周有很多小教室，禮堂還有許許多多的玩具，有小車子、有木馬和滑梯。

　　大樓外面綠樹掩映，有沙池、有浪橋、搖搖板兒和滑樓。還有一棵挺高大的木棉樹。這是一棵頂好的木棉樹哪！我常站在那高大的英雄樹下，伸長脖子，望著那紅豔豔的木棉花，只要一看見有那肥大的木棉花掉下來，我便撲過去，還跟小朋友爭著撿得那火紅肥厚的木棉花，更有趣是木棉結綿的時候，一陣輕風，雪白的球形棉絮就飄下來了，就像大熱天下了雪……。

火鳳凰

幼兒園有很多阿姨，在我印象中只有丁園長，周老師、大黃阿姨，小黃阿姨和美誼姊姊，美誼姊姊是個很年輕活潑的姑娘，白裡透紅的臉上總是掛著微笑，她老是喜歡低著頭咬著她的小辮，她很喜歡我，我也把她像姊姊一樣愛她。

　　每天晨曦，外婆或者爸爸總是先把我送到幼兒園裡才去上班，慢慢卻讓我獨自個兒走路上幼兒園，雖然只有十分鐘的路程，還要過一條馬路，不知道家長實在忙不過來，還是當我是個小大人，當我上大班，還嘗試讓我帶二妹去上課。我很小就有記憶，可是後來卻發生了件至今難忘的事情，每天傍晚，太陽已經下山了，金黃色的晚霞已經籠罩夜空，淡白色的月亮已經出來了，幼兒園的孩子已經被家長一個個地領走，我總是最後一個留在那又空又大的禮堂裡，每當禮拜堂傳出那悲哀低沉的琴聲的時候，那將被夜幕籠罩的禮拜堂，便顯得神奇而又古怪，這時琴聲總是在催動著我的好奇心，我多麼想爬上那潔白的石階，看一看裡面那神祕禮拜堂。

　　可是剛來幼兒園的我，卻不喜歡在這裡，小朋友不熟悉，因此我總是在門口望著那領孩子的家長啼哭，我總希望我爸爸和外婆早點領我回去，可是每當這時候，美誼姊姊總是來安慰我，勸導我。因為媽媽和外婆工作太忙了，美誼姊姊和我解釋著，一邊帶我去玩，因為她體會到，愛對一個孩子多麼重要。

　　當我和小朋友們都熟悉起來的時候，我卻很喜歡這裡了。這裡和我讀小班的有周代微，兩胞胎的和英、和明、趙芙和陳念祖，我們一起玩娃娃，玩盪橋。我還會組織她們玩開火車的遊戲，把椅子砌成一個小火車，一個當小司機，口

裡不停在嗚嗚地喊著，我當小售票員，讓同學們抱著娃娃上車。

我還喜歡聽老師講故事，講童話，講列寧的故事，我還喜歡用蠟筆畫花、魚、人、房子、用剪刀剪紙。我的畫和手工，老師都是經常表揚我的，於是，我對畫畫興趣更濃了，想不到長大了我成了個風景畫師。

每當鋼琴響起來，我們整齊地坐在教室裡唱歌，我總是高高興興地放開響亮的嗓子來唱著。周老師總是這樣寫我的評語：唱歌字音清楚，能獨唱且會做動作。

在大班時，我們開了一次家長會，黑壓壓的坐滿了一禮堂的人，這時，我卻要代表我們幼兒園小朋友朗誦一首關於兒童列車快要通車的詩，當著阿姨把我領在臺中心時，我一點也不怯場，大聲清楚地朗誦了這首詩，博得了全場的讚揚，阿姨總是說我是個聰明的聽老師話的乖孩子。

可是有一次，我竟得到嚴厲的處罰。

事情是這樣的，在一天的黃昏，禮拜堂卻比以往更加熱鬧起來，清脆悠揚的鋼琴聲叮叮咚咚地響著。聲音充滿了熱情和快樂，那禮拜堂頂上的黃瓦卻在夕陽的照映下發出奇異的光輝。有幾個打扮得十分漂亮的孩子邊活潑地跳躍著走進了禮拜堂。啊！這多麼觸動了我的好奇心，我按捺不住了，悄悄地爬上了禮拜堂的二樓偷看。

瞧！多麼美麗而神祕的大禮堂啊，在牆壁上有多麼美麗的圖像，有插著翅膀的小姊姊和娃娃們。不過，還有把一個人釘在十字架上的可怕形象。人們在忙碌著在打扮著一棵松樹，在樹上掛著各種玩藝兒和小燈燈。我更羨慕那些穿著白

紗裙的孩子，她們正在鋼琴邊練習著唱歌，這多麼像神話中的故事啊！我正看得津津入迷，小黃阿姨從裡面走出來了。

她一看見我，竟然氣沖沖地把我像小雞般地提了起來，大聲呵斥我：「誰讓妳上來的，這是聖地！」接著，她狠狠地罵了我半天，然後還說要告訴我媽媽，我拚命委屈地大哭，還懲罰我站著。我心裡想，耶穌不是喜歡小孩子嗎？他幹麼不喜歡我？而我卻不能像那些小孩子一樣，在那裡面的鋼琴旁唱歌呢？我心裡充滿著許多的不平和氣憤，也不知到底犯了什麼錯。然而教師在教室裡也指責我，說我不遵守他們的紀律，上了他們的禁區。好孩子是不應該去這種誘導人迷信的地方。教會是邪惡之地。對一個幼兒園的孩子來說根本是不會明白當時的政治教育是從小開始，灌輸無神論的思想。讓幼兒園的孩子走進教堂會讓教師被領導責罰的。

第二天，一個小朋友送給我一張美麗的小畫片，說這是聖誕爺爺給她的禮物，她送我了還告訴我：「有一個叫天國的地方（啊，這也許就是神話的仙宮吧），有許多拍著翅膀的小孩子……」我總算得到了安慰。

我始終對教會很好奇，小學的時候，有一次到另一間小學開會，剛好就在廣州著名的石室大教堂的旁邊，我和一個同學偷偷走了進去石室大教堂。裡面靜悄悄的沒有人。我們跪著翻動著《聖經》和書本，也東張西望看那美麗的七彩玻璃上面的圖案和畫像。這時有個穿著黑衣的神父悄悄地向我們走來，非常嚴肅地，用眼睛狠狠地盯著我們，我們嚇壞了，慌忙地逃跑。他的嚴厲的眼神造成了我對教會的印象。當老師跟我們談到教會，說教徒都是愚蠢的，被神棍騙了，神父說給別人打了左臉還給別人打右臉。這樣的教義還不是

大傻瓜？剛好我們班裡有個同學是教徒，很多人都欺負他，打他，看他是不是真的打了他左臉，他還是讓別人繼續打。

　　生在一個封閉的社會，小時候我們這一代就像一張白紙，教導是共產主義的信仰，從沒懷疑政府學校的宣傳教育：教會是個罪惡之地，藏著反黨的殘渣餘孽。在文革破四舊的日子，我還跟著同學再一次走進石室大教堂，那次是搜掠，每塊石頭我們都敲幾下，看看有沒有藏著什麼電臺之類的特務用品，我們搜出了美金就當場燒毀，都沒有發現什麼通敵的憑據，但我是相信學校的教育，教會是個宣傳迷信的地方。

　　雖然過了很久很久，我對教會的印象還是混混沌沌，只記得非常漂亮的教堂和那神父嚴厲的眼神，也許是存有愧疚之心吧。

飢餓，打雞血

　　小時候我常常感到餓，就像有一隻怪獸在肚子裡搗亂，十分難受。這種要命的感覺現在的孩子感覺不到。那時候物質十分缺乏，食物是限制供應的，成年人每月只有二十八到三十斤的糧票，少年只有十五斤。政府還發有糖、油、魚、豬肉、布票等等都有各種不同票據，還要一早去排隊購買。要是沒有這些票據，有錢也買不到食物。那時候大辦人民公社，公共食堂。我家人人都在工作，沒有人照顧我，中午帶個飯盒在學校飯堂吃飯，晚飯是從街道飯堂買回來。老師說是由於三年自然災害，糧食失收，沒有人敢說是大躍進政策的失敗。飯堂供應是雙蒸飯，就是用蒸的方法讓飯看來多一點，是由炊事員用勺子隨意把飯放進你的飯盒裡，也許會對熟人優待一點。他們對我這個幾乎天天來最多只能買四兩飯的小孩子能省就省，我在飯堂吃飯總是不飽。飯堂的菜是沒有油的黃黃的素菜，人們哪敢對飯菜有什麼要求，能吃飽就好。後來飯堂也煮野菜飯，說是糧食不多了。長期在飯堂裡吃飯，用的是湯匙，我一直都拿不好筷子，每人總是帶個鋁製的飯盒和湯匙到飯堂打飯。我只有在過年的時候才能吃到肉，嘴裡含著塊肥肉就不捨得咬，像吃糖一樣，用舌頭享受著肉的滋味。我家過年媽媽做燻魚，用蔗渣燻醃製土鯪魚，

在白飯裡加點豬油和醬油，就是非常難忘的美味。有點零食是甘蔗渣餅（三姨從糖廠帶來），還買到只有鹹味的冰棒。

家裡有老人家還好一點，寧願自己省著讓孩子能吃飽，我奶奶還會養些雞和兔子，也不煮雙蒸飯，怕孩子餓著。但奶奶只能照顧我的弟妹，我可要幫媽媽管家。當我進了小學，媽媽就把錢和票據、戶口本放在一個小盒子，讓我把飯堂的飯票和其他的食品買回家。她千叮萬囑每頓飯不能多吃，吃多了到月底就沒飯吃了。一定從小就要養成能約束自己的習慣，媽媽經常出差到天津跟蘇聯專家學手錶設計，一去就是幾個月。我是個十分乖孩子，從來沒想過偷錢和糧票去買吃的，餓極了就拚命多喝水。有時在家裡翻箱倒籠，幸運的話會發現爸爸藏在衣櫃裡的餅乾，會偷吃一點，讓爸爸不會發現。有時爸媽會把一些食物藏起來，怕我一下子吃光，也許要留一些給弟妹。

放學後除了做功課，排隊買菜，買煤，劈柴，做煤球生火，不然晚上沒有熱水洗澡，這都是我要做的家務，那時候小孩子做家務都是理所當然的事，作為家庭一分子，就得出力，沒有報酬給額外的零用錢。可是我慢慢虛弱做不動了，肚子脹大，身體發腫。有次學校有醫務人員來跟孩子檢查身體，說我和班裡有些同學染了水腫病。這是嚴重的營養缺乏，需要治療補充營養。同時不讓我上體育課，我卻挺高興，以為是對我的特別優待。這時媽媽突然從天津趕回來了，因為老師通知了家長必須看顧我，不然會保不住小命。同班有個同學叫簡慧兒，我的好朋友得這病死了，我們全班同學都很傷心，那時是小學三年級，原來離死亡這麼近，但我根本不在意，有病真好！媽媽不用到外地出差了，我終於

能吃飽了。媽媽每天用酒煮一個雞蛋給我吃用來治病。開始我覺得酒很難入口，可是有雞蛋卻是令我嘴饞。雖然我長大了沒有成為醉貓，成為酒癮君子，不過很能喝酒，很難醉倒。我不知道她從哪裡學來的偏方，每天給一個小學生每天喝一碗酒，說起來真奇怪。奇怪的還有當年流行的打雞血針，雞血治療法。首先是養幾隻強壯的大公雞，用針從雞翅膀血管裡抽血，直接就打在人的身上。為了增強抵抗力，人們找出各種方法。我媽媽走在潮流的前頭，這時期，隔幾天媽媽就給我和姑婆打雞血針。姑婆患了帕金氏症，也需要治療，因為醫生說我們的病不是靠吃藥就能好。我從來就是乖乖女，聽話就是。現在我才佩服我媽哪裡來的勇氣，把自己的親人當作實驗品，不怕會萬一有失敗的可能。現在說起打雞血針，可能人們會當笑話來說。可是這是當年發生在我身上千真萬確的事，也許我的命硬，也許媽媽愛心動天，我也不知道究竟有沒有副作用，還是由於身上流著雞血後來才慢慢變得叛逆。

至於補充營養的方式還有學校教的養小球藻。我們自己準備一個大玻璃瓶，裝一大瓶水，學校就每人分一些小球藻的菌放在水中。每人帶回家去養，要放在陽光下曬，放點尿液，用小棍子時常搞動，過了一兩個月等到瓶子裡的水變成深綠色，就可以收穫小球藻，然後用紗布把小球藻隔了出來，就可以吃了。據說營養特好。我們把小球藻瓶子帶回學校，還可以加分數，像完成作業一樣。我是個聽話的好學生，當然每樣都做得最好。到現在我常常不明白，我清潔游泳池看見水色由藍色變綠，知道是小球藻作怪，就要用藥水殺掉小球藻，讓池水變回藍色。為何現在人們不游綠水增加

營養，是否是營養太多了，還是學校教錯了？還有流行的是紅茶菌，把紅茶菌在紅茶裡培養，用來沖茶喝，聽說還能強身健體。我嘗過味道是酸酸的，還不錯。那時雖然沒有互聯網，人們把偏方抄在紙上，像得了寶貝似的傳來傳去。

　　無論如何，也不知是什麼方法，我被治好了。那時候廣州還好，在這三年經濟困難時期，很多人不至於吃樹皮草根。也有很多人有南風窗，就是有港澳親戚的從香港澳門帶回來食品，救濟親人。在廣州沒有多少人餓死街頭。在北方的餓死人無數，簡直是大災難，可是大家都不會知道，消息是被封鎖的。

　　我家也算好運，那時候國家對知識分子也算照顧。發了高級知識分子優待券，可以買高級餅，可以到特定的餐館吃頓飯。那時候我爸爸有三百塊錢收入，是高級工程師，媽媽也有幾十塊，應該不錯。可是要一百塊照顧弟妹、奶奶，其餘的還要養活二姨一家。姨夫是爸爸同學，香港啟德機場工程師，帶飛機起義回國，卻不明不白地被說是特務，關了十年，他有四個兒女。爸爸也負責他一家的生活費，所以我家經濟並不寬裕。由於食物非常缺乏，在黑市場連紅薯的價格也飛漲，每月五塊錢的我的學鋼琴費用，爸爸覺得要省下買吃的，我本來彈得不錯，結果跟鋼琴絕緣是一生的遺憾。可是生命是重於一切，不能餓壞孩子，爸爸的選擇是對的，今天我還活得好好的雖然身上留著雞血。

得了水腫治好後和爸爸到上海。

羊城舊事
飢餓，打雞血

逃 走

　　那時我四五歲，我們家搬進了新的家——榨粉街九十三號，這裡一幢住四戶人家的小洋房，有個大圍牆和一道大鐵門隔開了外面的世界，圍牆的隔壁是榨粉街小學。圍牆內有個長長的花槽，上面有很多精緻的花盆，種著茉莉花，蘭花。橫面種有四棵樹：梅花、兩桂花和含笑。除夕，院子總是芳香撲鼻的，桂花恰好在我門前，我在十四歲時曾寫過一首詩讚美桂花：「臘月門前開桂花，花小玲瓏甚不華，但憐花香無蝶賞，願隨花香到我家。」我家有一個小廳，有三間房間，有一個房間卻十分黑暗，有廁所和廚房，裡面有個大天井通到外面，冬天風可以颳到屋裡來，十分寒冷。

　　二樓的太太是一個粵劇的作家，藝名叫望江南。經常有很多名演員去找她，她很孤僻，她有一個傻女兒和一隻白色的捲毛小狗，我很愛著這隻小狗，我尤其希望有一隻這樣的小狗，可是小狗卻不喜歡我，牠總是衝著我叫，使我不敢走近牠。這個傻女十六、七歲了，又髒又臭，手腳的毛又粗又黑，她曾經告訴我，她小時候像一隻黑貓。她神智清醒時還能學會很多政治名詞。也會和我談話，她患有肺病。而且歡喜把尿尿在床上，她經常欺負我，打我。

　　有一天我坐在那散發著清香的含笑樹上，用樹葉試做著一個哨子，因為我看見外面的男孩子，正使勁地吹著那樹葉

火鳳凰

哨子向我眨眼。但是不管怎樣捲，還是吹不響，我生氣地把樹葉向下扔去。

忽然，我看見在牆角上慢慢地爬著一隻金龜子，好漂亮呀。朱紅色的硬殼上攘上了又大又黑的點子，活像一件美麗的花衣。我悄悄滑下含笑樹，一手便把金龜子按住了，我便把牠放在那玻璃小瓶子裡。

可是我發愁了，小動物是愛自由的，不過上一兩天牠便會悶死的，多好的小金龜子呀。突然，我浮現出了一個奇怪的念頭：給金龜蓋房子！桂花樹有一個很好的樹丫丫，在樹丫丫上不是可以蓋一個房子嗎？這樣金龜子同樣可以在樹丫子上爬來爬去，吸著那含笑和桂花誘人的香氣。我彷彿看見金龜滿意地坐在我的小房子裡。小金龜們在周圍飛來飛去。

「給你蓋房子好嗎？」金龜似乎很高興地點點了頭。於是，我便動起手來了，用硬紙皮剪呀，糊呀。沒多久，房子便做好了，用紙皮在樹丫上搭個平臺，房子便放在那平臺上。

忽然，一隻滿著黑毛的手把我頭髮一把揪住，「破壞綠化！」二樓的瘋女子大聲叫喊著，要把我的紙屋子撕掉。她雙眉豎起，眼睛發著奇異的光芒，亂糟糟的頭髮襯著那又青又黃的臉。活像童話裡的魔鬼。

為了保衛金龜的房子，我像小牛一樣向她的懷裡撞去，她那像鐵鉗子的手黑黑地把我舉起，我便用腳狠狠地踢她，她便把我重重地摔在地上，接著，她把金龜的房子撕成碎片，扔在地上用腳踩了又踩，便得意洋洋地走去了。

我傷心地把碎片捧起，坐在地上哭了半天，我恨透了這個傢伙。當爸爸下班，我把傷痕累累的手臂給爸爸看，我期

待他會抱我疼我安慰我。可是卻是給爸爸一頓痛罵。爸爸罵我是個大笨蛋，他說，妳為什麼跟個傻女打架？要是打贏了，妳根本不光彩，不應該去欺負一個不正常的人。要是打輸了，更加不值得，一個正常人為什麼白白讓傻女打？這比傻女更傻，為什麼不逃跑？妳瘦瘦小小跑得快，她肯定追不上妳，妳不會用腦筋想一想，還不是個笨蛋嗎？

我飲泣著，無話可說。這是我在童年時第一大教訓。

第二天，金龜的新房子又蓋好了，我又把它放在更高的樹丫子上，可是，金龜子不喜歡新房子，牠憂愁地爬來爬去，不久便死掉了。

為什麼呢？我想，金龜子一定有牠的家，一定有爸爸媽媽，我怎麼能強迫牠孤零零地離開家，住在新房子裡呢？想不到我長大後也有被強迫離家的一天。

從此，我不管捉住什麼小動物，總是和牠親親熱熱地說一番話，便放牠回家去了，讓牠像我一樣，雖然沒有玩伴，可獨自在家裡自由地玩遊戲。

傻女不久便得病死了，當她的屍體被抬離院子的時候，我立刻寬恕了她撕房子的事，還為她流了眼淚，她再不能回家了，她一人只能孤零零地躺在墳地裡了。學會了逃跑，我還記一件差一點被拐的事。

「小羊乖乖，把門開開，媽媽回來了！」狼在門外裝著用羊的聲音在叫門，這類的故事，我已經聽了不少次了，還有騙娃娃的狼外婆的故事，這類故事都給了我極其深刻的印象。誰知道還在幼兒園的我，也碰見過真正的「狼外婆」呢！

一天的傍晚，火紅的太陽正朝著那被晚霞籠罩著的西方慢慢地沉下去，那木棉樹上那窩雀兒，也在互相追逐著，吵鬧著回家了。媽媽説，妳已經是上幼兒園大班了，是大孩子啦，再不要別人接送，妳可以獨身回家啦。

我繫著圍裙，胸前別著白手巾，神氣地一本正經地在路上慢慢地走著，一邊走，一邊想，媽媽還未下班，等我夠高開門鎖進門，我一定要悄悄做一次飯，讓她回來嚇一跳，瞧她的女兒也會做飯啦。

我想著我們前幾天做的一次「飯」，真差點要笑出來。星期天，我們幾個表姊妹正在玩耍。我想出個點子説要做「飯」，我用那玩具的小瓦煲放上小撮米，放點兒水，把煲放在那小鐵爐上，居然用紙、用牙籤當柴生起火來了。沒好久，一小鍋飯居然又焦又生地煮好了。

我用小碗兒盛上飯，還要叫表妹餵給布娃娃吃，我還想燒點菜湯呢。就在這時，我媽媽回來了，看見一盒子牙籤也快燒光了，那小鐵爐，漂亮的油漆也燒掉了。媽媽又好笑，又好氣，直狠狠地訓我一頓，不許再玩火，不過她答應我，要教我煮一頓真正的飯。

我正胡思亂想，冷不防一隻毛茸茸的大手把我拖住了。我抬頭一看，原來是一位陌生的叔叔，他個子又高又瘦，亂蓬蓬的頭髮，連腮的鬍子，又密又濃的眉毛下閃灼灼的眼睛在狡猾地閃動著，但臉上流露出甜蜜的笑容。

「小朋友，到哪裡去？找爸爸媽媽嗎？」他問道。我心裡害怕極了。不自覺地點了點頭。「我帶妳找爸爸媽媽去，妳住哪兒？」他學著女人的柔聲在問我。「不去！」我掙脱他的手，但是他更有勁地抓住了我的另一隻手。「不要怕，

我認識妳爸爸媽媽，給妳吃點糖果。」他那長滿黑毛的手又遞過兩顆糖，另一隻手把我向一條小巷裡拉（從榨粉街拉到榨粉街橫巷）一面更柔聲地說著好話。

他是誰？我絞盡腦汁地想，我從來也未見過這位叔叔啊，要是他認識我爸爸媽媽，為什麼把我向小巷子裡拉呢？我想來又想去，突然，一個可怕的念頭出現了，是個拐子，是「狼外婆」。我心怦怦地跳，腳在發抖，我四處張望，希望見到一個熟人。

我順從地跟著他走，怎麼辦呢？走到巷子中心，我猛然掙脫他的手，轉身就跑，我不顧一切地飛跑著，這人追了兩步，就停下來了。

我一口氣跑回家，爸爸媽媽還未回來，我還不夠高開門鎖，只有坐在門口，不眨眼地望著行人。我擔心那人跟著我到家，同時也把事情告訴了鄰居張伯伯，我越想越害怕，哭著等著爸爸媽媽回家。

爸爸回來了，我飛似的撲進他的懷裡，告訴了爸爸，爸爸直稱讚我，說我是個靈機的孩子，終於學會了逃走了。在念二年級的時候，我們參觀了階級鬥爭的展覽會，有個壞人就是利用糖果騙了五十多個小孩到深山去。用鋼針縫著他們的嘴。活生生地把心剖出來下酒，據說他要治一種病。當我看見孩子們的血衣和天真的照片的時候，是饞嘴害了他們！我幸虧沒上當。

有一種人，就像狼外婆一樣，穿著人的衣服，說著甜蜜的話，給你吃糖果，而懷著惡毒的心腸。天真、善良的孩子啊，只要一上了他們的當，那就犯了一輩子不可挽回的過失啊！

火鳳凰

對於強權，對於惡人，你是無力反抗的，只有一種方式，就是逃跑。我不知道是不是應該這樣？不過這是小時候學到的道理。

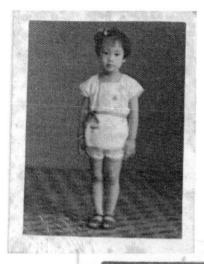

從鐵窗裡飛出去

　　人們看過我寫的偷渡香港的故事，以為我很勇敢。其實不然，我愛哭，怕黑，怕有軟毛的小動物，像小雞等，只是我害怕的東西與別人不同。我天生愛自由，害怕被囚禁，我認為失去自由比失去生命更重要。我記得第一次逃跑只得四歲，至今還歷歷在目，一生難忘。

　　我有三個弟妹，我是長女。媽媽爸爸是工作狂，晚上回家也不忘工作。媽媽更甚。吃過晚飯，媽媽就開收音機學俄語，因為她在手錶廠跟蘇聯專家學手錶凸輪設計。她小時候由於外公去世得早，她沒有讀過大學，得了這個機會便全心全意把心放進去，我根本想不起她有什麼時間去抱抱我親親我。爸爸是工程師，也是整天忙得不可開交，當時新中國剛剛建立，特別需要他們這些技術人才。我的弟妹從出生後就在奶奶家讓奶奶帶大。我四歲以前是讓外婆照顧的，但是外婆也有工作，上班放我在托兒所，只在下班照顧我。二姨的孩子一個接一個出生後，外婆去了二姨家住了照顧她家的孩子。媽媽就請了個保母芳姨來家裡照顧我。因為幼兒園放暑假，也不能讓我一人留在家。

　　芳姨是個二十歲上下的姑娘，瘦小的個子尖尖的臉，不停會笑，她最愛嚇唬人，她自己編了許多什麼妖精、鬼怪什麼殺人的特務、搶人家錢的強盜的故事來嚇唬我，也許使我

火鳳凰

乖乖地聽她的話，也許她自己也真的害怕這些鬼東西。我本來就是最乖的孩子，我怕爸爸媽媽不留我在身邊把我送走，故意顯得非常獨立和能幹。我的弟妹都常常嫉妒我在父母身邊，覺得是父母特別寵我。

有一天，芳姨要出門可不帶上我，她遞給我一把葵瓜子對我說：「我要出去一會兒，妳把瓜子吃完了，我就回到家。妳乖乖地待在家等我，不要跑出門，等我回家再給妳瓜子。」我一聽有瓜子吃，眼睛都亮了，樂壞了，馬上說好。

我坐在那尾房的書桌上嗑瓜子，這是爸爸的書房，書桌很大，是爸爸的寶貝，剛剛靠著一個大窗子可以望著我家後有一間平房，住著肥佬叔叔一家人。他的孩子比我小，我們不會玩在一起。肥佬叔叔養了很多雞，天亮的時候公雞一起叫，我家根本用不上鬧鐘。雞屎的臭味都傳到我家來了，他家的收音機老是播著紅線女的《昭君出塞》和《搜書院》，連我長大了也會唱。這扇窗子是我家聯繫外界世界的唯一通道。在我父母的世界裡，收音機只是用來讀書，他們也不會跟鄰居說話，最討厭是東家長李家短的閒話，說是浪費時間。不過一些消息倒是從窗子外面傳過來，肥佬叔叔說話的嗓門挺大。那天肥佬叔叔正在忙來忙去，餵雞煮飯，讓我看見他老是自家門口不停工作，有時跟我聊幾句，逗逗我。我不知他家有沒有廚房，只知他家很小。

葵瓜子早吃完了，連瓜子殼我都舔了又舔。我已經覺得時間過了很久很久。突然聽到門響，我霍地從窗臺跳下來向大門奔去，我以為是芳姨回來了，原來是郵差叔叔剛剛把信塞進門縫裡。我使勁地拉開大門，糟啦，拉不動，我使盡吃奶的勁兒拚命拉，還是拉不動，於是我順著門縫向上一瞧，

哎呀！我被鎖上了！我氣得幾乎哭出來。芳姨不放心讓我一個人待在家，鎖上了門怕我一個人溜到在街上玩，又不願意帶我上街，於是她便想出了一個兩全其美的「聰明絕妙」的方法。

天漸漸黑了，我個子還不夠高開電燈的開關，有些石灰剝落的牆壁的洞洞看起來就像一張張鬼臉，我又餓又口渴，驚慌的我大聲哭叫，在漆黑一團的房子裡來回跑。就像一隻小老鼠被困在籠子了瘋狂地亂撞。我跺著腳，淚珠兒直往下淌，哭還有用嗎？沒人看見，沒人憐惜。我慢慢地停止哭泣。

不行！我一定要出去找爸爸！我急得在屋子裡打轉。「有了！」我瞧著那垂直鐵條的窗花，我心裡一陣高興，我準能鑽出去，我又爬上窗邊書檯子上了。我使勁伸著頭往外鑽，好！頭鑽出來了，又把身子使勁往外伸，不行！肚子被垂直的鐵條窗花卡住了，再用點勁，還是不行！我已經是渾身是汗，臉紅耳赤了，把頭伸回去，歇會兒吧。「糟啦」頭伸不回去了，我就這樣頭在鐵窗外，小屁股在鐵窗裡不進不出地卡著，我拚命地掙扎，雙手雙腳像游泳劃著也脫不了身。就在這最狼狽的時刻，肥佬叔叔發現了我，拖著我的手往外拉。我終於擺脫了像鐵籠子的窗戶，到那自由的天地來了。然而是付出了不少代價。瞧我的兩肋和肚子，早被鐵條擦紅了，有些地方還出血，挺痛的。這是一個多麼可笑的場面啊！

我又坐回門口臺階上和隔壁的小朋友聊天等爸爸下班，芳姨也回來了，見我坐在臺階上，便吃了一驚，跑上大門一看，鎖還好好地鎖在門上。她便走來問我：「家倫，妳媽回

火鳳凰

來過嗎？」「沒有。」我沒有好氣地回答她。「那妳是怎麼出來的？」我大咧咧地回答她：「我是飛出來的！」她愣愣地站著，驚訝得說不出話來。

自由對一個人來說是多麼可貴，哪怕是喪失了一分鐘的自由，我熱愛自由，鎖是鎖不住我的。對自由的嚮往這也許是人類的天性。在報紙上常常看到小孩子被鎖在屋子裡便爬出窗外找媽媽，摔下大廈死亡的新聞，我是十分理解。逃走應該不是勇敢，而是對環境的害怕，要離開找尋新天地罷了。幸虧那時的我家的房子是在最低層，爬出窗子也能逃出，這是我的幸運。

入學，入隊，少年之家

　　那時在一個封閉極權的國家裡，一個小孩子，根本完全不知外面的世界，不知道成年人被運動到煩惱，只知道聽黨的話，聽老師的話就會受到讚揚。從小我就迫著自己，樣樣都要做得最好，要得到獎品和讚揚。在小學時在學生之間還沒有分成分論，即使吃不飽，但是還是覺得快樂的。就像一群小鳥從小生長在籠子中，從來沒看過外面世界，有人在餵養著，沒有對比，哪會憂愁？下面的回憶是我五十年前寫下的，要是現在寫也會記不清了。可是真實的歷史是該讓後輩知道。

　　我還可以記得幼兒園畢業的時候，阿姨們可忙了，把整個會場布置得花花綠綠，我身穿新衣服，頭戴著鮮豔的蝴蝶結，蹦蹦跳跳地回到了幼兒園，我們在舉行畢業典禮。新衣服一年只有一套，是留著過年或大日子才能穿，所有的學校都沒有制服。

　　家長們到來了，畢業典禮開始了。各班的小朋友們在臺上表演節目，有的是表演唱歌，有的朗誦了詩歌，我也朗誦了兒童列車就要開車的詩。最後學校發了獎給優秀的小朋友，我得的是份全勤獎，還獎了幾本小人書呢。

　　親友們知道我要考小學了，都愛考問我：「什麼名字？」「住在哪裡？」和數 1,2,3,4,5……，這些我真不費力地

火鳳凰

一口回答出來，可是媽媽卻不易稱讚我，卻在親友面前數落我的缺點，她說怕我驕傲。

　　過了幾天，小學招考了，外婆把我帶到隔壁的小學校。啊，多少孩子們啊？真是人山人海的一片。過了一會兒，我被帶到一所新建的紅磚砌的教室裡，裡面坐著兩個教師，一個是長了年紀的，另一個卻是十九歲上下的梳著長辮子的姑娘。我是到那姑娘面前，她滿臉笑容地親切地問我，姓名、地址和數數，我真喜歡她。

　　過了幾天，校門的紅榜貼出來了，我拚命地踮高腳尖，在人縫中擠上去，擠上去，可是總被高個子的大人擋住了，好容易擠上了前頭，在幾百個陌生的字找出我的名字，那該多困難，後來隔壁的張伯告訴我，我和他的孩子亞緩都被錄取了。我不信，直至張伯把我的名字指出來，我高興地跳起來。

　　「我當了小學生了！」我好容易在門邊等到太陽下山，爸爸回來時我高興撲上前去，把這個高興的消息告訴他，便馬上要他給我買小書包。

　　九月一日，天氣多麼晴朗，我穿著新裙子，頭上結著紅綢帶喜氣洋洋地回到學校，我的班主任，就是那長辮子的姑娘梁博賢老師，瞧，她正在幫一位新學生梳辮子呢！梁老師從一年級教我們到六年級，是我最難忘的老師，是真正為我們付出心血的老師。

　　多麼鮮豔的紅領巾，驕傲地在胸前飄動著，小學三年級我終於戴上了紅領巾了！我結著紅領巾對著鏡子照了又照。用手把皺紋拉直，一會兒又把它解下來，仔細地看，高興地在大廳裡跳躍著。

我們這一代一出生就受到洗腦的教育，入隊是一個好學生的標誌。我早就盼望當一個少先隊員了。我覺得這是很大的榮譽。

　　記得在去年梁老師拿一疊表給年長的同學林汝冰她們填，說是入隊申請書，為啥我們沒有呢？我們焦急得很。「你們太小了，還不夠年齡。」林汝冰告訴我們說，原來到九歲才能入隊，九歲？那還要等一年呀。那天開隊會，林汝冰她們入隊了，我們非隊員可以不參加。我們不好意思地和隊員們站在一起，因為我們沒有紅領巾，我們便在外面站著觀看。看到紅領巾在林汝冰她們脖子上飄動的時候，真是羨慕極了。

　　「少先隊是少年的先鋒，要思想好，勞動好，學習好，有社會主義覺悟的孩子才能成為少先隊員。」學校是這樣教育的。我的理解是思想好是聽話，勞動好是肯幹活，學習好是成績好，這都是不難做到的。我每個學期每個科目都拿到五分，五分是最高的分數，是全紅學生。得獎無數，是個品學兼優的好學生。那時沒有課外的補習班，但是有學習小組，是幾個同學一組，有成績好的同學幫助成績差的。我經常幫助成績差的同學，小學六年一直被選為班長，還是一人一票選的。想不到後來香港選行政長官，要一人一票卻是那麼困難。

　　入隊的那天。天沒亮我就起床了。穿上了雪白的白襯衣，喜氣洋洋地回到學校，經過了出隊旗等等的儀式，我們好容易盼到宣誓和發紅領巾了，我們被叫上了臺，在紅旗下高舉起右手：「時刻準備著，為共產主義而奮鬥。」「時刻準備著！」我們齊聲響亮地高呼，臺上臺下一片莊嚴肅穆的

火鳳凰

氣氛。輔導員和老隊員捧著紅領巾走到我們的面前，仔細地給我們繫上，看著嶄新鮮豔的紅領巾，我可開心得不得了。在我幼稚的腦海中根本不清楚什麼是共產主義，可頭腦是一片發熱，真的是真心實意熱血沸騰。

戴著這條紅領巾，我進了少年之家的美工組和射擊小組，戴著這條紅領巾，我參加過無數有趣的隊活動和少先隊夏令營，只有少先隊員才能參加的。不能入隊的可以說是壞小朋友，沒有同學跟他玩，所以幾乎沒有一個同學不願意入隊。現代的孩子放學後由家長安排報名參加各類課餘活動、補習、學琴、跳舞、畫畫等等，花的學費真不少，還要接接送送，家長也花不少時間。以前我們幸好有少年之家，我們星期六和星期天就去少年之家，也不要另外花錢。這方面是值得稱讚的。

我們北區少年之家坐落在越秀山腳下，穿過綠色的大門，就是用鮮花砌成五星的花壇，在這裡我們還可以望見在綠樹掩映下的樓房，這就是我們學習與活動的場所。

少年之家的「家長」是阮姊姊，除此以外，還有許多輔導員。我們少先隊員都十分熱愛少年之家。當我上了四年級的時候，歐老師發現我畫畫有進步。於是把我送入了少年之家的美工班，從此藝術生命就這樣誕生了。

每逢星期天，少年之家便熱鬧起來。少年之家的活動內容可豐富極了，有美工組、小海鷗兒童合唱團、舞蹈組、口琴組、射擊組、航海組、象棋組、武術組、游泳組、話劇組和田徑小組……。在這裡，使我們學到了很多在課堂上學不到的東西，在這裡造就了許許多多出色的人才。

我們的輔導員是高中的學生，他們的名字已經忘記了，調皮的我們卻給他們起了外號，胖的叫扁嘴鴨，瘦的叫尖嘴雞。不過，我們是背後悄悄地叫他們。

星期天，我就和羅露、林汝冰她們神氣地拿出了證件走進了少年之家的大門，鈴聲一響，我們就整整齊齊地坐到教室裡了，在這裡的人很多，我記得的名字有李寶清、徐善良和賴加瑜，和一個外號叫「老鼠尾」的女孩子。

我們上課的內容很多，在教室總是靜物寫生，輔導員也和我們一塊兒畫，評講。我們還經常到外面寫生，比方畫西湖，畫少年之家⋯⋯畫畫真把我們迷住了，就是在家裡，一空閒，就拿起筆亂畫。起初我們真不好意思，記得有一次我們畫紀念堂，我們幾個女孩子是偷偷地鑽進樹叢裡，在樹縫子裡朝著紀念堂畫，到後來，我們可大膽了，在畫畫時不怕被人參觀。有一次，報紙的記者還給我們照了一張畫畫時的照片。畫畫在我生命中沒有停頓，上了中學放學後還一直待在美工組畫素描，畫畫是最能抒發自我，排除寂寞的夥伴。我一直感激在少年之家和在中學能有這個學畫畫的好機會。

除了參加美工組，我還參加了暑假的夏令營活動。這次，我是和射擊組的孩子們一起活動的。雖然我們是小學生，但軍事訓練的活動真不少。

天剛亮，嘹亮的軍號衝破了黎明的沉寂，我們僅用了二十分鐘，就洗完臉整齊地集好了隊伍，然後跑步和做軍操，吃完了早餐之後，各組的活動就開始了，這主要是向解放軍學習。因此，我們的射擊小組就特別嚴格。

我們每人發了一枝小口徑步槍，這可來勁了！在烈日底下，我們在教練員的輔導下，一次又一次地在練習著射擊的

火鳳凰

動作。立射、跪射、臥射和爬行，刺殺等，把我們直累得滿頭冒起了黃豆大的汗珠，但是我們要是雄赳赳的活像真正的軍人。那時候政府提出的政策是全民皆兵，小孩子都不例外。目的是隨時要對付美帝國主義發動的侵略戰爭。在我們的腦海中都是被灌輸幾乎全世界的大國（蘇聯除外）都在欺負中國，要瓜分中國，但大家都深信不疑。

教練員又把我們領進了射擊俱樂部，進行了實彈射擊。射擊俱樂部很大，靶場上擺滿了半身的靶子。老實說，我起初真有點害怕，拿槍的手不免有點發抖。我真有點羨慕林汝冰，她已經是領取了合格證的普通射手了。

小紅旗揮了一揮，我們就趕忙爬在地上，槍已放在沙包上，對準了自己的靶子。閉著一隻眼睛使勁地瞄呀瞄呀，小紅旗又一揮，放！我一口氣打了三發子彈，倒楣極了，只擊中了六環，我低著頭，沒做聲，林汝冰趕忙安慰我：「沒關係，我第一次打槍時還吃鴨蛋呢！」

經過了幾天的刻苦訓練，射擊的成績有所進步，也能達到合格了。我心裡想：再多點心練習，我就準能成為個好射手，一個好民兵了。

晚上，群星在夜幕上閃爍著，我們在天臺上坐著，涼風向我們撲臉吹來。我們抬頭仰望著那點綴在夜空的星星，靜靜地聽著輔導員講星星的故事。

「那是銀河，是那條繁星密集的長帶子！」在銀河的這邊是牛郎星，那邊的是織女星。這就是我小時候聽過的牛郎織女的故事。人們的美麗的理想，給予了星星的那神奇的生命。

北斗星多麼像個勺子啊！它的一端總是指向北方，給迷路的人們指出方向。人們特別喜愛這七顆亮晶晶的指路星。

　　突然，一顆星帶著一條銀色白光飛下去了。「這是顆流星，這是天空的隕石，受了地球的吸引而掉下來的。」幸虧輔導員這麼解釋，不然，以前我真的相信了外婆說的：「凡是天上掉下一顆星星，就是地上一個人要離開人間了。」的說法呢。

　　輔導員還給我們講了許多星，像仙女星座、大熊星座等等。夜深了，我們還一點也沒覺得睏倦，睜大了眼睛精神奕奕地靜聽著。

　　天上的星星也在一閃一閃地眨著眼睛，我想，這些星星啊，也許在偷聽著我們在談它呢。

　　多麼有意思的夜晚啊！我們還在夜晚去游泳，看電影⋯⋯，使我更忘不了的就是在另一個晚上的「夜襲越秀山」是一個軍事演習。

　　在半夜我們被號聲驚醒了，我們接到一個任務說要打擊進犯的敵人，要馬上出發。夜深了，風吹著松葉沙沙地響著，沒有月亮，也沒有星星，一切都是那麼地黑。越秀山小山崗子上的松樹，有的像伸開著兩手的怪人，黑壓壓的一片攔住了我們的去路。連小蟋蟀也膽怯地藏在石頭縫裡，細聲細氣地喞喞地叫著。

　　我們臥倒在地上，屏息細聽著四周的動靜，全神貫注地望著對面的松樹崗子，因為那裡有我們的「敵人」，我們的任務就是要趁敵不備的情況下，占領小樹崗子，把紅旗插上去。

火鳳凰

突然，前面傳來了命令，準備過封鎖線，我們像蛇一樣向前爬行著，石頭、瓦片怎麼也難不倒我們這些小尖兵，一群一群小山蚊，就像轟炸機似的在我們頭上盤旋。出其不意地惡狠狠地給你一口，但是我們卻靜靜地向前爬去，誰也沒吭一聲。

　　因為在半夜緊急集合的時候，指導員早就說過，我們要向解放軍叔叔邱少雲學習，為了戰鬥的勝利，誰也不許暴露目標。

　　前面就是封鎖線了，一根繩子繫在兩棵樹上，繩子上掛滿了小銅鈴，過這些封鎖線可難呢，一不小心碰響了小銅鈴，「敵人」就會開槍鞭炮扔下來，你就「犧牲」了，目標也暴露了。

　　但是困難是嚇不倒我們的，何況過障礙物這些，我們早就訓練過了的呢。我們像小爬蟲一樣靈巧地鑽過了封鎖線，又向前爬去。

　　終於，我們來到了松樹崗子下了。指導員命令我們散開、隱蔽，等得命令，松樹下面的小喬木和山草，是我們隱蔽的多麼有利的地方啊！

　　我悄悄地爬在小灌木下面，突然一株有刺的灌木把我的手與面劃成幾條帶血的小條，我感到火熱熱地一陣痛，山蚊和螞蟻早就把我的手和腳叮得起了一個一個小疙瘩，有的還從脖子鑽進背上，奇癢難忍，可是比起邱少雲叔叔，這又算得了什麼呢？

　　「喔、喔……」雄雞叫了，黎明快到了，就在這時，一陣嘹亮的軍號衝破了黎明前的沉寂，這時漫山邊野響起了喊

殺聲：「衝啊！繳槍不殺！」我們像小老虎似的跳出了小叢林，向山頂衝去。

「敵人」慌了，連忙向我們「開槍」，鞭炮從山頂上拚命向下扔。「啪！」一個鞭炮在小雲腳邊響了起來，救護隊不容分說馬上把小雲拖住，馬上用紗布把她的腳包紮起來，小雲掙扎著說：「我沒負傷，我沒負傷，那是鞭炮，沒礙事！」可是救護隊已把他的「傷員」送到擔架上，向後方抬去。

我們靈巧地利用小松樹作為掩護，避過了多少「槍林彈雨」，終於接近了山頂，「敵人」全線崩潰了，逃得快的在小路上遇上了在那裡埋伏的合唱團的小戰士，逃得慢的，卻全部成了我們的俘虜。原來那些裝敵人的，卻是我們一些輔導員和別班的同學。這些也是留在腦海中童年趣事，那時候卻是十分狂熱，隨時準備為打擊美帝國主義而犧牲。

我家的上輩，知書識禮，文質彬彬，氣質平和。而我這輩，卻是顯得粗獷，被教不愛紅妝愛武裝，不該打扮（說是小資產階級思想）要有階級仇恨，仇視地主、富農，反革命分子、右派。不能說對社會不滿的言論。學生時期不該談戀愛，後來學生中還分了等級，出分不好的不能升學。就是看照片就可以看到這兩代人氣質的區別。無論如何，這是童年的教育，也造就了在文化大革命的時代有著狂熱思想的我們，甘心隨著領導者的指揮棒轉動。

火鳳凰

「黃狗頭」的教訓

　　你可見過「黃狗頭」嗎？這可不是真的狗頭。告訴你，這是一種植物。它活像一隻黃狗，身上毛茸茸的，這些毛，叫黃狗毛，用來止血的，可是在經濟困難時期，人們把它當作野菜充飢，可是它還能給我一段教訓呢，這是三年級的事了。

　　有一天，我到校務處交作業簿，校務處卻異常熱鬧，原來教師們正準備聚餐呢，我看見野菜、芭蕉心、蔗渣還有黃狗頭堆滿了校務處，教師們忙得團團轉，聽説是在做蔗渣與黃狗頭餅子。有的在洗菜、有的在切。梁老師呢，正在削著黃狗頭的毛。這時，全國鬧著大躍進、人民公社的時候，全國出現一片經濟困難，物質嚴重缺乏，連糧食都短缺，很多人餓死了，吃野菜填肚子已是常見。那天老師們正用這些東西為飯堂做一些的糕點。

　　我早就認識黃狗頭了，因為我也用過它來止血。而且班主任梁老師在昨天講《高春花的回憶》不是講過高春花的媽媽在舊社會沒有飯吃，撿黃狗頭煮來吃而死的嗎？咦！這東西怎麼能吃呢？我上課時用心聽書並牢牢地記在心上。我十分擔心，生怕是不是梁老師忘記了，我眼前像出現這樣的畫面：老師們吃了後一個個倒下了，口吐白沫和鮮血，我害怕得雙腿直抖。

我覺得必須提醒老師去制止這災難，我像抱一隻小黃狗似的抱起了地上的一只黃狗頭，用手撫摸著它的毛，睜大眼睛，輕聲地問梁老師：「梁老師，黃狗頭不是能吃死人的嗎？幹麼用它做餅子呢？」

　　梁老師彷彿沒有聽見，也沒有理睬我。啊，太嘈了，我又把話重複了一遍。她頭也沒抬，一眼也沒望我。哎，今天老師怎麼啦，平日她不是很樂意回答我嗎？我有點兒著急了，我用更大的嗓子問她：「老師，妳昨天不是說過黃狗頭吃死人的嗎？」誰知她抬起頭，兩眼凶狠狠地直瞪瞪望著我，使我嚇得不由得後退了幾步，悻悻地走出了校務處。

　　我真被梁老師的異常神情嚇壞了，她的眼神叫我害怕。我很喜歡梁老師，她對我很好，我從未被她責罵過半句。她很愛小孩子，因為我父母長期到外省出差，她常把我帶到她家去玩。連跟她的男朋友看戲她也會帶著我，她不放心讓我一個小孩一個人待在家裡。她住在法政路，她是一個印尼歸國華僑。那時印度尼西亞排華，很多年輕人紛紛回到中國去參加祖國建設。她回國後當了老師，我們是她的第一批學生。她邊學邊教普通話，今天我說普通話說得不錯，全是她的功勞。

　　我很喜歡去她家，梁老師的房間布置得可漂亮啦，她活像或者可以根本說是一個大孩子，玻璃板壓著她的照片，桌子上還有漂亮的瓷娃娃，回到家的時候，她更活潑了，根本不像在上課時候板著的臉嚴肅的樣子，她跟我說笑，還笑迷迷地送給我小手拍啦，畫片啦，甚至還有一串小猴子。這些小猴子模樣兒真古怪。她告訴我，這就是課文的「猴子撈月亮」。她逗我談有趣的事，常使我高高興興地才送我回家，

我對她便像對姊姊一樣敬愛她。放暑假的時候，她送我一大疊圖畫紙，每張有一半黑板大，和很多水彩顏色。她請我幫忙照著書的圖畫畫畫，說是要在開學用作教材，是真的信任一個小學生畫教材？這是很大的鼓勵，我十分高興有那麼多的紙和顏色，認認真真地不停在家畫畫。開學時我卻不見我畫的畫用作什麼教材，後來我明白了，老師擔心我一個人在家煩悶，特意讓我畫畫不要到街上亂跑。這樣一來更造就我對畫畫的興趣。

可是今天，我邊想邊走著。「家倫！」在將走出校門時，她厲聲叫我。我低著頭不敢望她的眼睛。我似乎覺得她眼睛像支電光向我射來。

「妳今天在政治上犯了個大錯誤！」我吃了一驚，摸不清頭緒。接著她給我說了剛才的事，她說，昨天講課是講憶苦思甜，黃狗頭多吃才會死人，今天做餅，因為又吃小量，不妨事，而且又是響應黨的號召用野菜當糧食。妳這樣說話，不分場合，害了別人，又害了自己，讓別人聽見，豈不是誤認為是我教妳這樣破壞運動嗎？妳這樣發展下去，會犯錯誤的！這些事定要告訴妳爸爸知道。

我心裡越想越害怕，告訴爸爸，這不是她給我一個最嚴厲懲罰辦法嗎？我經常害怕父母會由於我不乖送走我到奶奶家去住。梁老師再三說「這是給妳一個教訓，好好記著，不然將來就會犯錯誤。」當我長大了才知道，一場反右的運動已經嚇怕了所有人，說錯了話說不定會喪命，被扣上右派的帽子也會連累一家人。我爸爸媽媽也是這樣叮囑我，他們也是一直小心翼翼的，就是跟我說話也怕說了不合適的，怕我不知輕重告訴街道委員。因為黨是鼓勵親人要是有反黨的言

行都要 互相揭發。每一條街道都有間居委會，有黨組織，會監視住在附近的每一個居民的言行。父母的一生也沒有給黨委挑出錯處，可是扣著資本家的帽子還扣上個反動資產階級學術權威的帽子。

梁老師的話句句像針扎著我的心，一句幼稚誠實的話竟然得到這麼嚴的指責。「啊，要看場合說話！」在我幼小的心靈裡刻上這麼一句話，並且是銘記著這一句話。這就是能以言語入罪的中國。幸好當時沒有其他人聽到，梁老師沒被入罪。但我的中學同學王希哲就沒有那麼幸運，他把他的想法對共產黨的意見寫成大字報貼在街上，結果被判了二十年徒刑。這種的例子多不勝數。梁老師不單教我功課，還教了我怎樣在這個共產主義國度中怎麼做人，適者生存之道。

直到現在，我忘不了敬愛的梁老師。忘不了黃狗頭給我的教訓，更忘不了：「看場合說話！」無論如何我常常覺得為了自己保平安不敢直言而羞愧，為自己的膽小怕事內疚。只有現在在美國這個自由的國度，再不怕回憶起往事寫出來擔心害了國內的親人，才鼓起勇氣，把歷史寫出來。

火鳳凰

三奶奶何瑞坤

　　我有三個奶奶。以前一夫多妻制，男人可以娶幾個老婆。大奶奶是名門正娶，通常是憑父母之命，媒妁之言的正妻。可惜很早就去世，連張照片也沒有留下。二奶奶是我的親奶奶，是美國西雅圖出生的華僑，不懂中國風俗習慣，不會打理家務，而且經常是病懨懨的，爺爺再娶了三奶奶。以前只有窮人家的閨女才肯做人家的小妾的。聽說是從石塘嘴（一個風月場所）挑來的，還是大腳婦人。以前大腳婦人是做低賤的粗活，不能當正室的。但這奶奶一生鞠躬盡瘁為家庭盡力，是我最敬佩的人，簡直是婦女的典範，是我一生的榜樣。

　　大奶奶有一個兒子，她很早就去世了。二奶奶生了三個兒子，我爸爸是老二，可當爸爸八歲時，二奶奶犯憂鬱症也去世了，三奶奶生了兩個女兒一個兒子，全家七個孩子，全家人家務都落在三奶奶身上，還幸好有個未出嫁的姑婆幫忙一下。爺爺一直在香港工作，但一家人又住在廣州。抗日戰爭的時候，通信和寄錢回來都有困難，三奶奶維持一家人的生活十分不容易，還要供孩子上學。三奶奶就去學了接生，當了個助產士，把家裡變成了接生的產房。她是一個出色的助產士，她常常還一個人出沒在珠江河畔的漁船中，為漁民們接生。風來雨去不辭勞苦。由於很多假死的小孩都被她救

活，而且交不起接生費的也一樣接生，因此漁民們熱情地稱她為「何大姑」。也有很多認為契娘的，過年過節，也有很多送來鮮魚和瓜果。

可是在當年，幹這行生活是沒有什麼保障的。家庭生活十分拮据。因此更談不上請什麼助手了，因此有人上門留產的時候，奶奶總是說助手回鄉探親。每當動完手術之後，她總是包著頭蒙著臉到產房擦洗汙血，而不願讓別人知道，這是只有一個助產士的產院。她靠這個產院養活了一家人，而且七個兒女，個個都是大學生。在那時候，女人工作已是少數，還能養家，把孩子培養成大學生，可真是了不起。

當爸爸、叔叔姑姑們大學畢業離開了家，只有我爸爸和一個姑姑留在廣州，伯父去了瀋陽，五叔去了阜新，十姑去的長春，六叔研究原子彈的去了不知名的地方。那時候讀完大學人們不能自己找工作，由政府東南西北分配到全國各地，一個家庭都不能聚在一起。奶奶就關了產院，不要再公私合營了，一心幫忙我家和姑姑、叔叔家帶小孩。最多的時候是七個小孩。她家又變成托兒所。三奶奶是個勤快能幹的人。以前還沒有電飯鍋、洗衣機、電冰箱的時代，家務事可重了。她一早起床先煮了早餐給孩子們吃，讓他們去上學。她馬上用洗衣板洗衣，孩子多，衣服多，一大盆的，我記得她總是洗洗擦擦，樂呵呵不知疲累的樣子。等姑婆買了菜回家又是到了做午飯的時間了。中午帶孩子睡午覺後又要準備晚飯，一整天忙個不停。現在我當了奶奶了，我真的很佩服她，真想像不到如何能做到的？無盡的勞累與付出。

就是她使我的弟弟妹妹在三年經濟困難的時期沒有餓壞，健健康康地度過這一困境。那時候她在廚房裡養了雞，

火鳳凰

每天都有雞蛋。在客廳裡養了兔子和葵鼠，讓孩子放學後撿些青草回家餵養。家裡就像個動物園，我一到奶奶家看了小動物就高興，爭著用青草餵牠們，但我不知道小動物怎樣變成了食物。我肚子餓找奶奶，總是會給點吃的。家裡沒有餅乾和糖果，她也會切片沙葛給我吃。

我上了小學每個星期都會到奶奶家。這是很遠的路程。從我家出發走半小時到廣大路汽車總站乘十號車到河南紅十字會下車，再走二十多分鐘穿過海幢公園到南華西路到奶奶家。我總很喜歡去，這比待在家餓肚子好。不過奶奶對我和弟妹過馬路時總是都不放心，到了奶奶家前的馬路，就要對著她家大喊：「亞嫲，亞嫲！」，等到她聽到從二樓探出頭看看沒有汽車才允許我過馬路。也許我的女高音是這樣練回來的。弟妹放學也是一樣大喊大叫讓奶奶看見才能過馬路。她對我遠道而來十分不放心，等我自己回家她老是給我五分錢千叮萬囑要我到傳呼站打電話給她說我到家了，她說接不到我的電話她睡不好覺。她還嘮嘮叨叨地說我媽怎麼會讓這麼小的孩子自己來來去去。奶奶雖然不是我的親奶奶，可是我覺得她是一生中最關切我的人。

到奶奶家還可以聽故事和看大戲。「月光光，照地堂，年三十晚，摘檳榔……」皎潔的月亮從雲朵裡鑽出來，瀉出銀色的光芒，鑲在雲朵的星星在悄悄地眨眼。我和妹妹坐在廳子裡唱著奶奶教給我們的兒歌，風兒輕輕地傳送著珠江的汽笛給我們伴奏，夏天的夜晚是多麼美好。

在放假的時候，每天晚上一洗完澡，就幫奶奶搬好竹蓆，纏著她講故事，奶奶從房裡走出來，把一捆竹蓆鋪在地上，把枕頭和扇子都拿出來了，我們便在竹蓆上跳來跳去。

奶奶身體還很健壯，慈祥的臉上刻著幾條細小的皺紋，經常是笑口常開的樣子。

奶奶叫我們躺在那竹蓆上，六個小孩分兩排睡下，用扇子給我們搧涼和趕蚊子。她坐在凳子上，一邊和我們講故事：「你瞧，天上那一條銀帶子是什麼？是銀河，是天上的河，那邊有顆又亮又大的星星。是牛郎星和織女星，這原來是兩夫婦⋯⋯」奶奶的故事催動著我們的好奇心，恨不得上那藍天看個究竟，然後帶著神奇、美妙的故事到那甜蜜的夢鄉：我插著翅膀，飛到那蔚藍色的天空⋯⋯，在那濃香的桂花樹下，逗玩著玉兔⋯⋯。直到現在，我也忘不了夏夜，慈祥的奶奶和她的故事。

奶奶很喜歡看小說。在少有空閒的時候，奶奶戴上老花眼鏡，邊看邊講故事。就像說書藝人一樣，一晚講一段，《水滸》、《西遊》與《說唐》，什麼《孫悟空三打白骨精》什麼《劉唐進瓜》啦。常使我聽得入迷，弟妹太小，也許這些故事太深奧，聽一下就睡著了。我有時不習慣跟弟妹們擠著睡，當他們的小腳放在我肚子上就睡不著，常常問她為什麼太上老君跟凡間宰相下棋，就能阻止宰相的靈魂不去斬殺海龍王？奶奶很高興這時還有聽眾，也高興讓一幫吵鬧的孩子靜下來乖乖地去睡覺。

奶奶也喜歡看「大戲」，我看過的「大戲」那是粵劇，都幾乎是奶奶帶我去看的，戲票是很貴的，長高了才用買票。我長得不高，奶奶也讓我陪著她，孩子根本聽不懂演員唱什麼，只是那些花旦和武生的五顏六色的衣服常使我看得眼花撩亂，覺得好奇和有趣，而且也從不吵著回家，所以奶

奶喜歡帶我去看粵劇。想不到我退休以後居然學起唱粵曲，不知是不是小時候受奶奶的影響。

奶奶煮的菜可香了。過了經濟困難時期，每逢過年過節，她喜歡請親戚來她家吃飯，讓家裡熱熱鬧鬧的。亞由表伯一家，二表姑一家，每家都有幾個小孩。我們一見面就樂瘋了，打打鬧鬧玩了半天，家中開兩桌，大人一桌，小孩一桌。奶奶從來沒有嫌我們吵鬧。吃過晚飯，奶奶就讓大家帶她做的蘿蔔糕、芋頭糕回家。要是買到黑市油過年她還會炸油角。奶奶做菜的時候都不願意孩子去幫忙，不讓孩子進廚房，進廚房的話只能去洗碗。很可惜我和弟妹們都沒有學會做菜的本領。

奶奶還會做衣服。因為我年紀最大，穿的多數是新衣，一不合穿就給弟妹穿。弟妹常常不高興，說父母和奶奶都寵我。沒有辦法是因為當年布票缺乏，每人只有一丈三尺六的布票。這也包括床單被套在內。有一年奶奶說，今年每人一人一件新衣，孩子都高興極了。奶奶挑了棗紅色的，她說呀這顏色耐髒，意思是弄髒了不容易看出來，她覺得孩子長得快，故意把袖子和褲子做得比較長，等長大一兩年後也合穿。於是每人有一套，過年的時候，她喜氣洋洋地帶我們一起去拜年，我卻不願意跟大家一起去。奶奶覺得十分奇怪，小孩子過年最喜歡去拜年，可以有糖果吃也有紅包。可是我覺得六個孩子穿著棗紅色不稱身的一起就像六隻小蟑螂，多難看！奶奶雖然生氣但也笑起來。

奶奶終於覺得我跟弟妹有點不同，她說等節省下布票，給我買一件新衣。在我十六歲那年生日，她帶我到南方大廈去任我自己去挑一件衣服，我挑了一件白色胸前繡有小花的

羊城舊事
三奶奶何瑞坤

的確涼外衣。讓我高興得五十多年後還記得這衣服的式樣，想起奶奶的好。不像現在的孩子，物質豐富，要啥有啥，什麼都不稀罕。要送孫子件禮物，我想了半天還想不到。

奶奶是個愛哭的人。叔叔姑姑回來探親走的時候，奶奶總是哭個不停。叔叔姑姑去了北方成了家回來一趟十分不容易，一來假期少，路費也不少。也難怪奶奶難過，除了小叔叔回來多一點，其他的一生中只回奶奶家三兩趟。奶奶在懲罰孩子們時也在哭。奶奶不打我，也許我是孩子們成績最好的一個。我看過奶奶邊打弟妹的時候邊哭，甚至比弟妹的哭聲更大，她其實是心疼孩子。孩子犯錯了她也難受。

奶奶的兒女個個優秀，都是出色的工程技術人員。小叔叔還是清華大學帶博士生的系主任。她以為孫子們青出於藍會更加出色，誰知不然，一場文化大革命，連續七年大學是關閉的，個個孫子變成農民，這叫她十分失望。我們這幫孩子都強迫離開家到農村去，我弟弟只有十五歲也要跟著我到農村。她找人修好了鄉間的房子，讓我們在鄉間有個安身之地。我們每次回廣州探親，她都炸了豬肉做麵豉醬讓我們帶回農村，無時無刻不牽掛著在各地的親人。

奶奶一生都團團圍繞著一大群需要她的人，這時家又變得空蕩蕩的，姑婆又得了柏金遜病去世了。只剩姑姑、姑父和她三位老人。改革開放姑姑才分到了房子，全家搬到淘金坑附近。我們請了保母去照顧奶奶，也不讓奶奶去買菜做飯了。沒有奶奶熟悉的環境，儘管她盡享富生活悠閒，可奶奶眼睛很快失去光彩，失去了笑容。一個勤勞慣了的人怎能停下來？可是我們都不知怎樣才是對她最好。我最後一次從香港回去廣州見奶奶，她已經認不出我來。她的葬禮是十分簡

火鳳凰

單的，漂流在海外的孫子女，和分散在各省的兒女都趕不回
廣州參加，我只有寫篇文章紀念她：一個自強不息強人。

奶奶帶大的孩子。

前排左是姑婆抱妹妹，右邊是奶奶何瑞坤。

火鳳凰

做生意

　　我一生第一次做生意，大概六、七歲吧。那時候實在太餓，經常的念頭就是想吃東西，但是就是沒有錢。在街上看見有爆米花，是由家裡拿出一把米，付了錢，那人用爆米機把米爆成米花，我就會饞得吞口水。我沒有什麼玩具，像女孩子玩的洋娃娃都沒有。我有的玩具都是自己做的，縫些小沙包，玩「劃子」（廣東話），用雞毛做毽子，我們當時在地上畫格子玩跳六格，玩跳繩，跳橡皮筋，拍糖紙，拍公仔紙等等。但是我有不少小人書。父母都喜歡給我買小人書，叔叔伯伯來探親時問我買什麼，我都說買小人書（公仔書），因為看完了還可以再看，也可以照著畫。我見到在街上有人把小人書擺在架子上出租，我突發奇想，也想試試出租公仔書。也許可以賺到錢買食物。我也不明白為什麼會有這種念頭？是天賦還是餓壞了的鬼主意？

　　我的生意拍檔是我的表姨，明姨，她的輩分大，其實才比我大兩歲。可她的主意挺多呢。她妹妹比我小兩歲，我不願叫表姨，直接叫她名字。她家離我家近，我們大家都愛在一起玩。

　　這次做生意明姨的點子真多。她說別人一分錢租一本，我們一分錢租三本，一定生意滔滔。幼稚的我們以為是個好

主意，原來一人看三本書要看好久，害得我們幾乎一直不能收工。

　　我把書裝在一個小籐箱子裡，搬兩張小凳子在豪賢路擺起了書攤。寫個大大的牌子：「出租圖書，一分錢三本」，用報紙鋪在地上，把小人書整整齊齊地排好放在報紙上。果然很多人來看書來了，有時我還會介紹一些圖書的內容。我們坐在凳子上，盯著看書的人就怕別人偷書。也怕被明姨父母，和我爸爸媽媽回家時發現我們，可能會挨打。時間一分鐘一分鐘過去了，過得特別特別慢，好不容易太陽都快下山了，天快黑了，可是還有人看不完書，我們的攤子還收不了。我的肚子越來越餓，像有隻動物在肚子裡抓住腸子打鞦韆。等到天全黑了，租書的人看不清楚才把書交還給我們。那天我們一共賺到了八分錢，也看不到爆米花的人，沒有糧票也買不到吃的，還好看見有農民出來賣石榴，我們買了幾個石榴分了吃。我狼吞虎嚥吃光了我的一份，連石榴籽也不放過，結果隔天拉不出大便。

　　這首次做生意還算是成功，卻不敢有第二次。原來是犯罪的行為，真是我們小小的年紀想不到的。有天我經過倉邊路人民法院，在告示板公布很多罪犯的照片和刑罰，打了紅勾是槍斃的。有一條罪是炒買炒賣，投機倒把，我問問老師這是什麼？老師說這是搞資本主義復辟，是要受法律制裁。我大吃一驚，儘管還是不太明白什麼意思，這次做生意就成了我和明姨的祕密，千萬別讓別人知道我們曾出租過小人書賺錢說我們有資本主義思想。後來下放了到農村我也不敢拿自己種的菜到市場去賣，只能買不能賣，我不知道為什麼會這樣，為什麼是資產階級思想，只知道用這個方法讓自己有

火鳳凰

點收入會被人鬥爭。大家都一樣窮大概是共產主義，我還以為我是最守法的人。

小時候我們還有點生意頭腦，其實只是小孩子模仿大人點玩意罷了。一天我們居然想出來，要演一次真正的「戲」，我們用一張小紙背後寫著字，寫座位號碼，然後挨家挨戶地發「票」給小朋友，叫她們晚上到我家看「戲」。票是免費的，但可以請我們吃零食。

剛吃完飯，明姨來了，我們趕緊「化妝」，我們用口紅把臉塗得通紅。又用爽身粉抹了一層，打散辮子梳個髻，上面插了花，「金釵」，用被單裹著身子，算作「裙」，雙手穿著爸爸肥大的睡褲當作花旦的水袖。在我外婆的房間擺上幾張凳，讓小朋友來了好對號入座。好，小朋友來了，我們的戲開場了。

我們跳上了床這是我們的戲臺，我們是演《拜月記》拜月的一場，明姨演嫂子，我演小姑，我們咿咿呀呀地學著唱，又揮著我們的「水袖」亂舞一氣，然而小朋友卻給我們一陣熱烈的掌聲，但是收不到零食。我倒佩服小時候的我是多麼大膽，不怕羞。明姨是當然的編導和主角，她一直有著這種天賦，後來在她一生中真正成為了策劃大型活動的主要領導人，一生順順利利。我在退休後才重新走上舞臺，又圓人生另一個夢。

我生命中卻是太多的波折，對做生意的看法到了香港才知道沒有欺騙顧客就是正正當當，不該當成犯罪，不過當無牌小販卻是犯法。在香港一段時期星期天我當過小販賣牙刷，在地上鋪上一塊布，倒上一堆牙刷，然後大聲叫賣，想起兒時的生意經，覺得真可笑。當員警來捉無牌小販時更是

羊城舊事
做生意

覺得刺激好玩，我知道了，窮困時會想出各種求生的方法來，不過我對做生意一直沒有多大的興趣，我最愛倒是幾何數學，可惜天意弄人，以畫畫維生。改革開放以後，做生意卻變得年輕人嚮往的目標。世界真的變了，還是我真的變了？

運動

　　我在這裡說的並不是體育運動，是毛澤東時代各種運動。在各種運動中都會打擊一部分人，鬥爭一部分人，人們會稱在運動中經常被鬥爭的人為運動員。我那時候一直是十分聽話的好學生，從來沒有懷疑過各種政策有什麼不對勁，什麼都希望做得最好。不過現在回憶起，倒是一些瘋狂的事，卻不知為何有多少人忠誠地執行，也許是我們這些一出生就被洗腦的一代，純潔極了，黨說什麼就聽什麼。這正如毛主席所說的，我們青少年像一張白紙，沒有負擔，好寫最新最美的文字，好畫最新最美的圖書。

　　我記得的是個除四害的運動：四害是蒼蠅、老鼠、蟑螂和麻雀。前三害會散布病菌，有害環境衛生，麻雀是吃穀子，損害農作物。那時好像是小學二年級，學校也交了任務給小學生，每人交一百隻蒼蠅、五十隻死蟑螂、一條老鼠尾巴、一隻死麻雀。上交一百隻蒼蠅實在不簡單。每天放學，我就拿著個蒼蠅拍子到街頭巷尾仔細查看，看見蒼蠅就拍。最要命的衣袋放個空火柴盒子來裝死蒼蠅。我一天放學後只能拍十隻八隻，要一個多星期才能完成任務。那裝死蒼蠅的盒子就整天放在衣袋裡，像寶貝一樣把蒼蠅屍體數來數去，儘管天氣熱，死蒼蠅臭得要命，還不能放下盒子，直到完成任務為止。捉蟑螂可難不倒我，晚上廚房不要開燈，我一衝

進廚房拿起砧板向水盤用力抖，就會把爬到砧板的蟑螂都抖到水盤裡淹死，做幾次就可以完成任務。

捉麻雀可難了。我到三樓天臺上捉麻雀。用一個竹盤子，一根小棍子捆著繩子放在竹盤子的下面，再放一點點米，等麻雀來吃米，就拉繩子讓竹盤子倒下蓋住麻雀就可以捉住了，老師是這樣教的。可是我等了好幾天也捉不到。聽別人説，很多人常常敲鑼打鼓，麻雀驚嚇得亂飛亂撞，不知死在哪裡了。捉老鼠更不用説了，自己都沒有肉吃，哪有什麼好吃的放在老鼠籠裡引老鼠進籠？完不成任務，我悶悶不樂。外婆看在眼裡，給我買了一隻活麻雀關在鳥籠子送給我。我就是不要，要死的。外婆説妳要是能養活才奇怪呢，這麻雀已經是驚嚇得昏頭昏腦的。果然小麻雀旋轉旋轉著倒了下來，我傷心地看著，覺得自己像一個凶手似的不開心，我終於有死麻雀交給老師，但還是不能交老鼠尾巴，結果全班也沒有一個都能完全完成任務，就不了了之了。

另一個運動是全民大煉鋼鐵。要把家裡的銅鐵都拿出來，在街道上用個爐子去煉鋼。外婆的銅臉盤都捐了出去，街道上的街坊組長帶了一幫人來了，把我們洋房共用的大鐵閘、我家的小鐵門、鐵窗花都拆，運了去煉鋼。自從沒有了大鐵閘，院子裡的花花草草都保不住了，兩棵花樹含笑和梅花也死了，外面的孩子玩打仗進到院子來，花盆當然也終於變成碎片。不過當年的偷竊和搶劫不多，社會風氣是值得讚的。一方面大家都窮，家裡沒有多少值得偷的財物，連吃的都沒有。另一方面就算偷了也難出手。更沒有人佩戴首飾，至於衣服，不是藍就是黑，每人每年一丈三尺六點布票，就只能做一套外衣、內衣罷了。再説道德教育也不錯，只要犯

火鳳凰

了錯動不動就會被批鬥，就是逃也沒法逃。每家都有戶口本，不能自由遷居，逃了只能沒吃沒住的。居委會會盯著每家人，多一個少一個都知道。家裡沒有鐵門和窗花就算了，加了一道小木門，住了二十多年也沒有聽說過有盜竊。

反右派的運動使很多敢言的人都倒了楣，包括我叔叔。那時我還小，只聽大人說。其實我叔叔挺無辜，他是科學家還是黨員，說的只是實話，說大煉鋼鐵犯錯誤，應該把廢鐵運到鋼鐵廠去煉，不該在街道上小爐子去煉，只會浪費了原料。這樣叔叔被打成右派去勞改，還被強迫和嬸嬸離婚，不過幾年後平反了。被打成右派的死了不少人，其中不少精英分子，也有父母不少的朋友。我爸爸媽媽對政治冷感，只是工作狂，對研究學習有興趣，從來都不是運動員，才保住我家和二姨家平平安安直到文化大革命。

學習雷鋒和各種英雄人物像劉胡蘭、董存瑞、王成、向秀麗等等的運動經常都有。學習雷鋒主要是學習他毫不利己專門利人，每天都做好事。學習其他的英雄是為國家獻出生命。共產黨向人民灌輸個人利益毫不重要，一切是服從黨的需要，做黨的馴服工具。這樣一個運動接著一個運動，我們純潔的一代經過不斷的教育，以至在文化大革命幾乎全部學生成為了權力鬥爭的棋子，糊糊塗塗被玩弄於掌心，最後被犧牲。

深挖洞廣積糧的運動是對付美帝國主義。從小我們被教育美國是中國的最可惡的敵人，隨時會侵略中國，仇恨是深深種在少年兒童的心中，沒人告訴我們，很多大學都是美國用庚子賠款建造的。為了保家衛國，打敗美帝主義，我們必須挖防空洞，儲備糧食。我年紀小爸爸媽媽要上班，我家不

用挖洞，可我知道不用上班的鄰居要去挖防空洞。直到我上高中，我每天五點鐘起床，六點鐘回到學校去練槍法打飛機，說是用小口徑步槍能打下美國的飛機，要有七個飛機的提前量，瞄準了就能打下。我是武裝基幹民兵，學校分配兩人一枝步槍。為了練手力，托槍不會顫抖，首先是左手托一塊磚頭，慢慢地加到五塊到手不會抖。我們每天練習瞄準還有實彈射擊。要練拚刺刀和跳牆。這些我在小學少年之家也曾學過，想不到吧我的槍法還挺準呢。那時候的我卻是積極地走在前頭，毫不猶豫地準備為國獻身呢。難怪姑姑和奶奶一直誤會我在文革時帶領紅衛兵來抄自己的家。

運動一個接一個，運動永不停。運動是不是使共產黨更純潔呢？我不知道。我只知道每次運動都使很多人喪命。很多自小參加革命的幹部，包括國家主席劉少奇、毛主席的接班人林彪等等不是變成叛徒內奸，什麼反動派都沒一個好人，為什麼會這樣？我們從小被洗腦，思想非常純潔的學生十分聽話的紅衛兵為什麼要接受貧下中農再教育？幾年不能上學校？越來越我深深感到運動是一個騙局，只是一個黨內的權力的鬥爭。

文革二三事

　　對於文革的整個過程我並不是記得十分清楚，也許是從出生以後自以為天之驕女第一次受到衝擊，不只驚嚇而且屈辱，腦海中選擇了刪除，只記得其中的二三事，不過也足以讓後輩知道一些當時發生的一些事。

　　文革還未正式開始我是二中被選上的武裝基幹民兵班長，在學校住。全校只有一個排，四個班。一大早未上課前要練習射擊，我們兩個人共用的是一根小口徑步槍。為的是要是美國於中國開戰訓練我們到時能用步槍射下美國的飛機。為了使持槍的手不會發抖，我們首先練用左手托磚頭，從一塊練到能托七塊，瞄準要有七架飛機的提前量。我們不但操練還要練拼刺刀翻牆、帶槍在地上匍匐前進等等。在晚上我們要輪流站崗守衛學校。在學校我的功課不錯，還是學校籃球隊隊員，學生會牆報的幹事團支部成員，一時風頭無限。可是文革一開始就馬上變成地底泥。

　　血統論很快在學校蔓延。什麼老子英雄兒好漢，老子反動兒混蛋。學校組織了紅衛兵，起初是由學校的高幹子弟和紅五類（工人、貧農、下中農、革命幹部、革命烈士）子女組成，他們馬上拿我開刀，說我是資本家子女，他們帶人抄了我的家，學校出現學生鬥學生的現象。我實在是循規蹈矩

得很，他們找不到什麼差錯，只是被亂罵一通，也沒有挨鬥，但被孤立了，我實在接受不了這種莫名其妙的屈辱。

我還記得他們鬥老師和主任。我們的主任姓曹，我看見大字報蓋天覆地地寫著打倒曹狗，我不知學生們跟他有什麼深仇大恨，紅衛兵把一雙啞鈴掛在他的脖子上，使他的頭不能抬，頭上戴了高高的紙帽子，他主要的罪狀是教他三歲的兒子塗汙毛主席像。是紅衛兵看見他兒子用鉛筆在報紙上有毛主席像的亂畫，問孩子是誰教他的，小孩說是爸爸教的，就這樣被定了罪。憤怒的學生圍著他打，我幾乎驚呆了。還有姓金的女副校長讓他們剃了半個光頭，讓她住在學校的樓梯底下，看她戴著厚厚的近視眼鏡，吃力地拖著又肥又腫的身體吃力地鑽入樓梯底，真是心身重創。很多老師、知識分子就這樣自殺了。每天自殺的消息總傳不斷，我還親眼看見一人從高樓跳下來自殺的。爸爸陪著化工局局長也被鬥了，說他是資產階級反動學術權威。可我爸爸總相信這場風暴一定會過去，沒有消極的想法，還是值得欣喜。

過了一陣形勢又變了。不可一世的高幹子弟們有的爸媽成了黑幫，有的非紅五類的子女又組織了紅衛兵。這時幾乎全校學生都是紅衛兵，只有少數的同學躲在家中，人稱騎牆派，是自我孤立的一群。那時我實在不願意回校，但聽說毛主席接見紅衛兵，學校的同學組織大串聯，可以走路到全國各地去宣傳文化大革命，紅衛兵乘車也不用買車票。我們班的同學也要出發長征到北京，我很想跟他們一起走，可是我沒有棉衣，棉衣被抄家時抄走了，就是在廣州沒有棉衣過冬也是不行。我媽媽氣不過，粗著膽子到學校找紅衛兵說理去，沒有理由把孩子的冬衣也說成四舊被沒收，結果我們要

回了收條到廣州破四舊辦公室在堆成小山似的棉衣堆裡挑了件合身的穿了就走。可是我的同學已經北上了。我感到十分失望，可卻是因禍得福，保住了生命。

其實走路到北京對孩子們是十分不容易，背上小棉被的背包，帶上水壺走到哪裡睡到哪裡爬山涉水的，大家的年紀大概都在十六歲左右。他們一路經過疫區，當時是流行腦膜炎。出發時有十二個人，兩個同學感染了腦膜炎，一個病發燒壞了腦，後被救回，另一個回來被鋸掉一條腿。走了一個月才到了武漢只有兩人。要是我跟他們一起走得病的一定會是我，因為我自小多病。

我實在不甘心也跟著紡織學校的同學走到江門，每天步行四十公里左右，不能說是不辛苦，腳板上打了水泡，都是用頭髮穿著縫衣針把水泡的水引流出去。但總算第一次自己出門，還帶著自己的妹妹，也不知道什麼是大串聯，怎樣去宣傳什麼。總算是增長了自己照顧自己的本領。接著我再組織第二次串聯，我找了初中十七中的舊同學，這次我們步行到肇慶，目的是旅遊，我們大家雖然走得很辛苦，但很開心，我們同學之間根本沒有提什麼血統論，還像初中時代的親密和諧。突然一個同學病了，還以為是腦膜炎結果叫了一輛救護車把他送到醫院。這段路從鼎湖到肇慶我們都乘了救護車。還坐了船從肇慶回家。

這時全國的學生就像瘋了到處跑，除了一部分步行到北京的，各個火車站都人山人海，只要在革命委員會拿個串聯的證明，就可以爬上火車，火車裡洗手間、行李架都坐滿了學生，火車也不查票。這對於少有機會乘車的學生們真是大好機會。不像現在的孩子年紀小小就坐飛機坐輪船，我記得

九歲那年跟爸爸出差到上海坐過火車，跟爸爸輪流睡在臥鋪上，擠了十多個小時，去了上海是自己一個人待在酒店，爸爸上班去，自己第一次講國語去買飯。我知道爸爸是沒有人在家看孩子才帶我去出差的，講起這次經歷不知引起多少人的嫉妒。所以這次大串聯是難得的機會，說什麼我也要去。

我又組織了一些舊同學準備去爬火車去北京。其中一個女同學還帶個弟弟。我們很順利地爬上一輛到株洲的火車，雖然是擠得水洩不通，先不管三七二十一，準備到了株洲再轉車。到了株洲我們下了車可把我們嚇壞了。原來形勢又變了文攻武衛，就是兩派不同意見的紅衛兵打起來，還到解放軍部隊搶了槍，也許有一派的軍隊也是支持某派的，反正我看見街上人幾乎都有槍。我們在街上走，後面有兩個青年在把玩著槍，突然就走火了，子彈在我們頭頂上飛過，幾乎要了我們的命。在株洲我們找到一個軍營住了下來，白天我們在街上買飯吃，還記得第一次吃酒糟，還就在湘江洗澡，晚上回軍營去睡。我還一直想再爬火車到北京，我的同學們堅持回家去，說實在太危險了，尤其放心不了弟弟。我們在株洲待了一個星期決定都回家去。我們的一個到北京去的計畫就這樣夭折了，有朋友說起他們怎樣遊歷了全國，我聽起來十分羨慕，真是錯過了大好機會，不過後來一想決定回家也許是對的，真的當時的形勢是十分危險。

回了家以後，不情願回學校。我的表舅舅比我大兩歲，是新一師（旗派）的頭頭，他叫我到他們司令部幫忙打字，是出小報或傳單。司令部在中山醫學院，學習打字我感到有興趣，同時在大學的環境中氣氛實在不錯，對於兩派的事我不太瞭解也不懂，倒是也算成了個紅衛兵不讓我們班同學白

火鳳凰

眼。要是躲在家也有個罪名，是逍遙派或騎牆派，是不聽黨的話，不參加文化大革命的人，會受到孤立。

在中山醫學院真是使我大開眼界，看到很多一個個玻璃瓶子裡面的人體器官，胎兒生長的情況，更使我斷絕成為醫生的想法，我不能克服怕碰這些殘肢斷體的心理壓力。這時廣州的武鬥很厲害，主義兵和紅旗派每天都有打鬥，包括槍戰，雙方都有打死打傷的。在街道上組織了聯防，就是不管派別聯合起來保護家園，封住了某些街道出入口，不許外人進入，深夜還派人值班，有事就敲響銅鑼，也保住了家人的安全。儘管家長們是多麼擔心，但每個人都不敢說出來，要是有什麼反對的聲音，馬上就被拉出去鬥爭，在那時候，不知多少人慘死。我還記得見過掛在路邊的屍體，一些瘋狂的群眾在追打著一個小青年，活活地把他打死，想起這些畫面不由得全身打冷顫。

有個好機會讓我接觸到文藝：音樂，唱歌，舞蹈。使我在一生中樂趣無窮。在初中和高中，我都沒有時間參加這些活動，畫畫、打籃球、練槍占了我課餘的大部分時間，還要保持成績一流。這時廣州旗派聯合起來搞一個紅衛兵戰歌，歌頌紅衛兵的活動。新一司要派人參加，我表舅舅，人稱他肥司令，叫我找些人參加，他和我也報了名，他報了政工組，是領導戰歌的班子，我表姨——小時候對的玩伴，參加了編導組，我參加了合唱團，我根本不知有沒有天分，是貪玩罷了。在戰歌的日子卻是我人生之中最快樂的日子，沒有上課考試的壓力，小女生受著哥哥姊姊們的保護，打鬥的事都不讓我們知道，只讓我們快樂地唱歌。

關於戰歌很多人都有回憶，而且寫得很好。我只是從一個小女孩的角度記憶二三事，其實很多是糊糊塗塗的了。那時我本來寫下了日記，在離開廣州時交給一個朋友保管，可是讓他給燒了，他說讓人看見一定說是黑材料，不知會連累了多少人。其實我也不怪他，在那個翻手作雲翻手雨的年代，文字獄的事不知有多少，誰判對錯？

剛到戰歌排練的時候是住在沙河音專那裡，我們是睡在教室冰冷的水泥地上，夜裡總覺得冷得睡不著。天氣慢慢變冷，那時學生到處去農村參加農忙、訓練等都是自己帶棉被，那時我們都會覺得很正常。教我們唱歌是我們的指揮，一位大學生，華拉。後來一位指揮姓袁，我們叫他的外號老山羊，我真恨自己，只記得別人的外號。那時是我第一次學四部合唱，我是女高音部，當其他音部進入產生共鳴的時候，感覺是多麼奇妙。從此我和唱歌結下不解之緣，從合唱到獨唱一直到老。那時的歌曲大多是慷慨激昂，我不懂什麼合唱，老是大喊大叫，可能我的嗓子大，後來演《門合頌》時被抽出來唱二重唱，穿著藏族的服裝領唱，學了不少唱歌的技巧。曾獨自站過中山紀念堂表演，成了我一輩子最美好的記憶。

我們演出場地是廣州文化公園到勞動劇場，還到過中山紀念堂。我們共演了一百多場。外出到過肇慶演了兩場，後來演《門合頌》也有十多場。排練完以後我們就搬到勞動劇場，我分到睡在溜冰場隔壁的小房子裡，那裡有合唱團的十來個女生，離家近的可以回家睡。我們都可以睡在桌子上，不用睡在地上。這裡中學生較多，當時念高中的只有幾個。吃飯都是回家或出去買飯，演出完了有時會有個菠蘿包或者

火鳳凰

是紅豆沙。戰歌總人數大概有兩百多人吧。分成政工組，是管理戰歌的，編導組，舞蹈組（一連），合唱團（二連），樂隊（三連），後勤組（四連），樂隊大概有一百人，樂器有的是學校樂團的，也有是私人的。四連最忙，包括每天的舞臺打燈、門票、宵夜的紅豆沙等等，還有保衛安全的問題，我們的票價好像是每張一角，還是場場滿座。對於只有幾個大學生的團隊能管理一個這麼多人的團隊真是了不起。

我們合唱隊在演出時穿白襯衣軍褲，戴個印著戰歌的紅袖章，胸口戴個毛主席像的胸章，自己覺得有點威風凜凜的樣子，和飄飄然的感覺。每晚的演出我們在旁邊唱歌看著舞臺的舞蹈，幾乎看著看著都看到會跳了。後來聽人們的評價，我們演出的質量是十分不錯的。

我實在太羨慕樂隊彈月琴的女生，真想買個月琴。可是被抄家以後家裡沒有餘錢，等到下鄉以後，有一點收入再回廣州買個琴度過鄉下孤獨的日子，想不到退休以後還可以有弄琴的日子。

在演出的日子裡每天演出以後要卸妝、洗澡、吃宵夜一般到十二點一點才睡覺。早上八九點才起床。接著就走回家，為了省坐公車的錢，在傍晚才回去劇場演出。我很多時候不回家跟一幫喜歡打籃球的夥伴活躍在球場上。在球場上我們端著飯盒看球，輪到下場就把飯盒一放當起球員來。我曾經是二中籃球校隊隊員，當然看見籃球就手發癢，我是打後衛的，左右鋒是彈月琴和舞蹈隊的兩姊妹，後來還組織了戰歌籃球隊去比賽。

戰歌一個宿舍的男孩們組成一隊人叫紅暴，他們年紀比我們稍大一點自然成了戰歌的保衛者。保衛者還有一些是八

一中學的同學，他們是軍隊幹部子弟。那時候常常有不同派別的武鬥，當戰歌解散以後，我才知道有這些同學的保衛我們才能完整無缺去演出。一直到六八年的八月復課鬧革命戰歌解散我們重新回到學校，大家一直都依依不捨共同結下的友誼，我一直也有跟一些戰歌人保持聯繫，五十年後再聚，大家說不出的唏噓感嘆。我跟玉雲、蘿蔔、亞許組織了空中音樂會天籟之音合奏和唱自己寫詞的歌。在戰歌的日子對我們留下深深的記憶，在外面風煙滾滾的世界我們卻像生活在世外桃源一樣。

回到了學校幾乎全部同學都要到農村去，美名是接受貧下中農的再教育。其實是沒有人能升學，只有少數人由於父母是高官去了參軍或者留在廣州到工廠工作的。我們學校的同學多半是分配到海南島國營農場的，有的分配的寶安縣插隊當農民。我不願意跟一幫有血統論的同學在一起，我寧願回東莞茶山家鄉去，我父母要我帶弟妹一起回去，那年我剛過十八歲，我妹十六，弟弟十五。就這樣當了知青下鄉。我家四姊弟只能留下一個小妹妹在廣州，如果有人不服從分配的話，父母會被扣工資，也會遭到懲罰。文革算是搞完了，毛主席大權在握，鬥倒了一幫異己分子。大學從此關閉了幾乎七年，我們年輕人只是做了人家權力鬥爭的一些棋子。

我們姊弟三人回了鄉，可變了家鄉不太歡迎的人。我們似乎在分薄家鄉的資源。鄉間已無直系親友，幸好奶奶修好了老家的房子，使我們也有安身之地，我們就這樣開始了漫長的知青生涯。

火鳳凰

火鳳凰

第一次大挫折

　　在小學時一切都順順利利，除了得了水腫病以外。可是小孩子對疾病是不上心的，得了病吃好的反而高高興興。在班裡學習成績挺好的，從一年級到六年級每年都得到全紅獎，就是每一科都是五分，除了語文數學以外還包括了圖畫音樂體育，那時五分是最高分的了。其實我對體育感到困難，別的同學輕而易舉，我還要在星期天回到學校練習跳高跳遠雙槓單槓等等，每一項拿到五分也是不容易。我最喜歡是數學，在暑假時我就會把下學期的數學練習做完了，在我眼中，就像玩一些遊戲，好玩，有挑戰性。我以為我會上一間好中學，再上大學，然後當工程師像父輩一樣。可惜天意弄人，不僅當不了工程師，連大學也上不了。

　　可能是太順利了，我根本受不了挫折。平日考試，拿了九十分會不開心，為什麼不是一百分？是太驕傲了，也許是做什麼事都要求達到最完美的性格驅使，考中學試的失敗造成我人生第一次大挫折。這事現在看來簡直小事一樁，可是在那時候簡直是天塌下來一樣。

　　那時我去考廣雅中學，誰都認為我一定考上的。廣雅中學當時在廣州是數一數二的，我特別鍾情廣雅的校舍，是多麼古雅莊重。我的叔叔就是廣雅畢業的還考上清華大學。我在筆盒上寫著鼓勵自己的語句「不到廣雅不收兵」這給同學

看見傳成笑話。不知為什麼，在考場失誤了。結果考不上被撥到十七中學。為了這件事我整整哭了差不多一個星期，不想吃喝。因為十七中是屬於第二類學校，不是我心儀的第一流學校。第一次的挫折狠狠打擊了我，嘗試了失敗的滋味。誰知在十七中使我度過最快樂的少年時期，同學們相處很好，初中三年我一直擔任班長，直到現在我們同學也一直有聯絡。這事使我認識到在我人生之中再沒有什麼事都會一帆風順，都是好事多磨，正是有心栽花花不長，無心插柳柳成蔭。

在考高中時經常強調成分論，爸爸說照這樣看來妳可能是難入大學了，不然考間技術學校，先學習一下技術，等畢業時再考大學不遲。我那時候報考廣東省第一技術學校，第二志願才是二中。卻不知為什麼我被分到二中去，二中是名校，只收兩個班念俄語的，連原來在二中讀初中的同學很多也考不上，這卻是個意外。大家都為我開心，可是我在二中度過了最不開心的時期。太多官二代的子女，他們父母都是省市委的大官，有趙紫陽、焦林儀、曾生……跟我同坐又是一位高官的女兒，我的責任是負責幫助學習差的同學。放學的時候，有的同學被私家車接走，那時廣州只有官家才有小汽車。同學會談到怎樣跟家人坐飛機，接待外賓。我感到我跟他們的距離是多麼遠。我從來不贊成兒女讀名校，很多時候不是拚成績而是拚家勢。雖然我在學校也很活躍，我是學生會的牆報委員，學校籃球隊員，武裝基幹民兵班長，但是在成分論之下，什麼都像矮別人半截。讀了一個學期就開始文化大革命，大家分化更厲害了。許多老師被打倒，鬥爭，也開始同學鬥同學。幸好我沒有多少錯處給捉到，沒有挨

火鳳凰

鬥，可也沒逃過被抄家的命運。雖然我沒有怨恨同學，可大家之中好像隔了一道厚厚的圍牆。如果我還在十七中的話我一定不會得到同樣的對待。起碼沒有那些不可一世的高幹子弟。使我明白到古人說的「禍兮福所倚，福兮禍所伏」。

其實這一次失敗我更加勇敢面對挫折。後來連續偷渡四次失敗，也不放棄。考車牌的幾次失敗，也能堅持到考上。用了十年的時間在美國上大學，面對癌症的困擾，疾病的摧殘，也盡全力掙扎奮鬥。努力做好自己，也不枉此生。得失並不是最重要，成事由天，謀事在人。最重要是個過程，對自我的態度，努力過無愧於自己。我常常感到幸運，是老天對我不薄，讓我盡力也能達到成果。

下排中間是我。

羊城舊事
第一次大挫折

父母，童話，歌

　　我爸爸和媽媽是一對工作狂，爸爸在廣州化工局，媽媽在廣州手錶廠工作，他們都是工程師。除了工作，他們的娛樂並不多。其實媽媽喜歡畫畫、寫詩，爸爸喜歡唱歌，可是都是沒時間去做他們喜歡的事。廣州化工局就在烈士陵園對面，離家很近，爸爸可以走路上班。手錶廠在河南，媽媽要騎單車上班，要一個多小時，下班回到家很晚，一般都不做飯。我有兩個妹妹一個弟弟，都在奶奶家，父母只把我一個人留在身邊，我可以做家務，當家，生火，買菜，到飯堂買飯，我是最有用的一個。

　　爸爸長得很高，大概有七尺。當他乘公車時為了不碰到頭，經常要站在天窗底下。我家的孩子都長得高，我是最矮的一個了。在外人看起來爸爸樣子很威嚴，很凶，我的同學來找我有時會被他趕走，嚇走，可他很寵我，不像媽媽冷冰冰。

　　爸爸回來了，我歡喜地向他撲去，爸爸總是高高地把我舉起來，讓我望在他寬闊的肩膀上，或者抱著我盪著「浪橋」。

　　吃過飯，我便把他纏緊了，要他給我講故事，爸爸便把我放在膝蓋上，唱著一些我聽不懂的歌，他說這是外國歌。

爸爸開始講故事了，我最愛聽「西爾斯的魔宮」，「紫色的小鳥在尤利士修斯面前叫著……，彷彿說，聰明的國王啊！回去吧。」尤利士修斯為了救他的夥伴們勇敢地向前走，他的夥伴們呢？由於饞嘴而被那狡猾的西爾斯變成一隻隻大笨豬，在泥中滾著……，西爾斯還把各種性格的人變成了動物……有老虎、狼、豹子和狐狸……。我卻很喜歡西爾斯，有根神棍兒多好啊！把那些壞傢伙通通變成動物，然後把他們放進動物公園。

　　我還聽了各種各樣的故事，有漁夫和金魚的故事，有狐狸和烏鴉的故事，還有騙小孩子的狼外婆，有吹牛皮的青蛙。那《伊索寓言》，有《安徒生童話集》，那裝模作樣的皇帝穿上那虛無的新裝，那可愛的拇指姑娘。我還為那純潔美麗的小人魚流過同情的眼淚……。

　　雖然以前的寓言多數和童話故事一般都是寫皇帝和公主的故事，但是卻使我知道，要做一個誠實的、不饞嘴的、勤快的小孩子，而且給了我思想一種浪漫的色彩，給了我那種強烈的想像力，給了我一種對新生活的無限樂趣。

　　我剛能認字，爸爸再不給我講故事了。我就讀了許許多多的童話故事，其中就有用利是錢買的格林童話集。

　　可是媽媽卻很少給我講故事，剛吃飯，她就坐在收音機前，全神貫注地唸著俄文字母，跟著收音機說一些我聽不懂的話，一直到唸完以後，關了收音機，才去吃飯。爸爸總是在笑她，我家又出了個女狀元。

　　後來，我才知道，媽媽小時候生活很苦，念了很少書，現在非要用功不可。當媽媽沒事的時候，我才敢爬上床，躺在她懷裡，要她講故事。

這時媽媽也會唱歌，並且教我唱〈賣花姑娘〉，據說馬思聰是媽媽的親戚，教了她唱這首歌。

　　唱著這支歌，我又不由得想起了《安徒生童話集》的那個賣火柴的女孩，在除夕，商店裡傳出燒鵝香噴噴的香味，有錢人家溫暖的火爐正燃燒著熊熊的火焰，可是這個可憐的女孩子，卻尖著腳丫，踏著寒冷的冰雪，在叫著賣火柴，最後卻在那夢見那去世的祖母，冷死在雪地上……。

　　爸爸也教會我一支歌，並且他是非常喜歡唱。爸爸告訴我，在抗日戰爭爆發後，他和一些人逃難直到羅定、雲浮……等地。錢看一些強盜搶光了。他又染上了可怕的痢疾，怎麼辦呢？他用最後的一點力氣，走到了縣城，脫下了外衣，躺在路邊把它賣了，買回了一點藥，才沒被病魔奪去了生命，而這樣的時候，逃難的人們教他學會了這支歌，他們在路邊休息時，遙望故鄉，悲痛地唱著這支歌，痛恨那狠心的日寇，懷念著故鄉的爹娘。

　　他躺在床上，用來枕在手上，用悲傷的神情，望著天花板，用低沉的男低音唱：

在數不盡的青山的那邊，
在飄不盡的白雲的那邊，
那邊，敵人燃起了戰爭的峰火，
那邊，敵人給了我們無數的災難。
田地荒蕪了，
房屋焚燒了，
我那白髮的爹娘，
幾次出現我的夢裡邊，

火鳳凰

含著淚兒苦問：
「流浪的孩兒，你可平安？」
天知道！天知道！
老家的存亡，
秋天已經來了，
春天還要遠嗎？
那一天，
野花開遍了家園，
孩兒回來了，回來了！
在數不盡的青山的那邊，
在飄不盡的白雲的那邊……。

在數不盡的青山的那邊，
在飄不盡的白雲的那邊，
那邊，敵人燃起了戰爭的烽火，
那邊，敵人給了我們無數的災難。
田地荒蕪了，
房屋焚燒了，
我那白髮的爹娘，
幾次出現我的夢裡邊，
含著淚兒苦問：
「流浪的孩兒，你可平安？」
天知道！天知道！
老家的存亡，
秋天已經來了，
春天還要遠嗎？

羊城舊事
父母，童話，歌

那一天，
野花開遍了家園，
孩兒回來了，回來了！
在數不盡的青山的那邊，
在飄不盡的白雲的那邊……。

　　直到現在，這些童話、故事、歌曲還清晰地印在我的腦海裡，在燒火的時候，我也會低聲唱：「在數不盡的青山的那邊，在飄不盡的白雲的那邊……」

　　爸爸不善交際，沒有多少朋友。可能跟他性格有關，又也許把精力都放在工作上。他用他自己的方式帶我，不許我在家吵鬧，只應該看書畫畫。在他回家之前，我是在街上瘋似的跟男孩子打仗玩耍，為了保護自己就是跟街童沒有兩樣。等父母回了家就變成了小淑女，一聲不響埋頭做功課，自己跟自己玩和做家務。那時沒有什麼旅遊，只有一次爸爸到上海出差帶著我，由於我是放暑假，怕沒人照顧。有次我央求爸爸帶我到兒童公園，爸爸帶了厚厚一疊書到公園去看，好像是放牧小羊。讓我一個人在爬滑梯打浪橋，我不認識其他小朋友，一個人覺得沒趣，以後也沒有要求到兒童公園去。爸爸在很小時候沒有媽媽，我媽媽在很小時候沒有爸爸，他們不懂怎樣照顧關心兒女，他們很獨立自強，要求我也和他們一個樣。童話和歌陪著我長大，也陪著我老去，我一直很享受著孤獨寫童話和創作、唱歌的退休日子，也許得到了他們的寶貴的遺傳。

火鳳凰

羊城舊事
父母，童話，歌

茶山驚夢

回鄉

　　一九六八年年底，我和二妹、三弟回到家鄉茶山下朗村插隊。茶山也算是個較富裕地方，出產的黑葉荔枝較出名。在文革後所有的學校都關了門，所有的中學生都要下鄉，美名是接受貧下中農再教育。只有那些家庭成分好的（工人、貧農、革命軍人）和有後臺關係的人才能留在城裡工作。在我的學校二中，同學大多數選擇到海南島農場。我不願意跟同學一起到海南島，我很難消去在文革期間他們給我的屈辱。在當時沒有多少人能敢違抗命令不去農村的，要是不去農村就會連累父母丟了工作，連吃飯也成問題。沒有人能夠隨便找工作，沒有私人企業，工作只能靠政府分配。沒有什麼個人的理想意願，當時的口號是「一切服從黨的需要，黨叫幹啥就幹啥。」媽媽不放心弟妹年紀到其他地方，讓我這個大姊姊帶著就比較放心，那時弟弟還不滿十五歲，只念了一年初中。妹妹十六歲，我剛滿十九歲。人們把我們叫做知識青年，簡稱知青。我有四姊弟去了三人到農村才能把我最小的妹妹留在廣州工作。我們三人在鄉下合作很好，我是負責當家、買菜、做飯。妹妹負責挑水、清潔，弟弟負責種自留地。可他沒種菜卻種菸讓自己抽。

　　那時我對家鄉的印象還不錯，我在小學時跟姑婆回過一次家鄉。我們先坐火車到石龍然後坐小艇到廈朗學校下船，

小河很清澈，兩岸荔枝樹，一片稻花香。下朗村在兩個大塘，王大塘和面前塘之間，不過現在王大塘已經填了，變成了個市集。小河水再不清澈變成五顏六色的汙水溝。古老的祠堂前面有個寬大的曬穀場。祠堂有一副對聯：「南雄梅嶺烏園洞，廣東茶山程鶴灣」說的是我們祖先是從南雄移民到茶山來。當我們下鄉的時候，祠堂已經變成了開會和派工作的場所。現在祠堂已經重修，也有點氣派。

同時期下朗村的知青人數不多，不超過十個，他們都比我年紀小。但是在茶山其他的村子，比如南社、橫江、超朗就有很多比我們早一年插隊的，他們並不是像我們一樣回家鄉。只是考不上高中就要到農村接受改造。他們一幫同學一起組織宣傳隊，跳跳唱唱的，大概沒有像我一樣感到孤獨，他們起碼能找到說話的對象。後來我寫知青的故事就有他們的影子。我比較熟悉的朋友在十多公里外的石碣公社，有時間我會走兩個多小時的路去看她們，就是為了有個能說話的人。

老家十分殘舊，但古色古香，還有二樓。還有個院子，但不是跟主屋連在一起，隔了一家別家的房子。院子有棵大大的石榴樹，我第一次爬上樹邊吃邊摘，又甜又好吃。奶奶在我們下鄉前一年就把房子重建，因為房子快倒塌了。奶奶說，她不願意把房子敗在她手裡，不管我們以後有沒有人願意回鄉，奶奶真有先見之明，當我們回鄉時房子還是新的，有個好奶奶真是我們的幸運。

新建的房子沒有水廁，家裡只能放個小馬桶。我們要用別人的廁所大便。所謂廁所是間裝火灰的房子。因為燒飯是用禾稈，燒完的火灰就留著作肥料。放上兩塊磚頭就是廁

所。人進了去就蹲在兩塊磚上，完事後就蓋上火灰。施肥的時候就用手直接拿著沾了火灰的糞便向田裡撒。在田裡除雜草還要人們跪在田裡一步一步爬行。這些是我們生在城裡的孩子完全想像不到的。我們的浴室是沒有上蓋，通天的，在冬天洗澡冷得很。男人多半不在家洗澡，每人都有一條大大的浴巾圍在身上，收工了就跳下大塘洗完了回家。雖然塘很大還有廁所，但是人們不嫌髒，他們說在塘裡廁所大便，只要大便跌下水裡，魚馬上會把糞便吃得乾淨。凡是有死雞死鴨，人們都會把屍體扔下塘裡，說是餵魚。雖然每年都有孩子在塘裡淹死，但好像沒有人介意，孩子是天生天養長大的。我看過有好幾次有人在塘邊「喊驚」，用剪刀插在地上，不停地喊「童齡歸咯，撒米穀穀」，村民說是給得病的小孩叫魂，後來說是破除迷信很少人這樣做了。在生產隊開大會的時候有時能痛痛快快吃一頓大魚，全村人坐在一起，每一圍五六人，用豆醬蒸魚，香極了，我全忘記了這吃大便長大的魚。還吃著新米，每次開會我都像吃得不知飽，這是在城裡沒有的，城裡的米是舊米，都沒有了米香了。

房子沒有自來水，倒有個大水缸。大家都喝井水，二妹每天都挑水把水缸倒滿。剛到農村首先學的是在水井打水，不知多少次把水桶沉在井底裡了，要別人幫忙才能取出來。妹妹倒是勤快，她長得比我高，比我有力氣。她還能幹農活。當時最高的工分是十分，是最能幹的男人工分，女人最高是七分，妹妹能拿到六分七，也算二級婦女人工。我後來當了民辦老師，也拿六分七，折算大概是每月掙了六塊錢。弟弟年紀小，是拿小孩人工，他分配了去磚廠學打泥磚。每年是看一年總計拿了多少工分，當年每個工分是多少錢然後

計算你的人工。每年分配的糧食、肉、糖、魚、柴火等等就在工分扣。我們姊弟勤勤懇懇地工作，一年三人大概共能拿到一百多塊人民幣。但每年都是超支，等到我們全部離開生產隊還欠一百多塊錢，後來由父母幫忙還掉，這些是現代人無法想像的。

　　剛下鄉不習慣的事可多了。特別是赤腳走路，我們從小就穿鞋，脫了鞋子就不會走路，不脫鞋的話在水田裡幹活怎麼辦？還會被人指指點點說是資產階級小姐。還要光腳挑東西，更要命。冬天泥土硬得很，把腳割得一道道血口子。妹妹常常要用針線縫合破裂的腳皮。我從小身體不好，拚了命去幹還是不能挑重擔，肩膀又紅又腫，老是讓別人笑話。繁重的體力勞動真要命，特別是割禾秋收季節，手指腫得彎不得拿梳子梳頭，上廁所蹲不下來。收工的時候還要挑著滿滿兩筐稻穀回曬穀場，肩膀痛，腳痛，全身都像散了一樣。我實在是受不了。最好的工作是摘荔枝，雖然爬上樹，蟲蟲蟻蟻一大堆，但是可以邊摘邊吃，可解饞了。當然好工作還要看隊長能否給你排上，這是後話。

　　我們都不會聽和說東莞話，但農人會講廣州話，要是我們不懂，也有翻譯，包括粗言穢語。還有是有狗蝨到處都有，我們身上被咬得沒有一塊好肉，身上又紅又腫，晚上都睡不好。可是奇怪，農村的人卻身上不會起疙瘩，他們說是被咬慣了，身上沒有多大的感覺。弟弟年紀小，只念了五年小學和半年初中，倒沒有多少城市人的習慣，他的東莞話學得很快，身上束一條大浴巾，還學了種菸自己抽，簡直跟個農人沒有兩樣。我不讓他學抽菸，他說不抽菸在工作中就沒有休息時間。他被派的磚窯工作，是打泥磚。後來他還把我

茶山驚夢
回鄉

們的院子用泥磚圍上了，讓我在那裡養小雞，但院子裡已經沒有那棵結果又大又甜的石榴樹了。

下鄉了，我感到在校學的知識有什麼用？跟普通的農民根本沒有什麼共同語言。除非一切聊聊做飯做菜，東家長西家短，黃色笑話。我感到被孤立得彷彿在個沙漠之中。除了幹活我把時間花在讀書，寫寫散文，自學彈月琴，也沒有浪費時間，可人們看我就覺得我是個不合時宜的怪物，怎麼有時間不去養豬，種自留地，或者織能賣錢的蝦籠。讀書也有時間限制，到了十點就沒有電力供應，就要點火水燈了。除非在深夜有毛主席最高指示下達，不單亮燈還會敲鑼打鼓。一早一晚都會有大聲的廣播讀毛主席語錄，是早請示晚匯報，還有數不清的政治會議。

我不知道應該怎樣接受貧下中農再教育，但我覺得下鄉的知青是被監視的，我和另一個知青特別要好，但被村官警告，說她出生成分不好，她爸爸是反革命分子，不讓我接近她。而且經常有人在窗外偷聽我們講話，特別是有外地來的朋友來訪。不斷地盤查證件，民兵晚上在我家窗下偷看偷聽，以為能看到一場春宮圖，實在叫他們失望了，他們認為有男孩子來探訪，一定是搞三搞四的，後來又會說他們來串聯偷渡，反正我就覺得不是一個自由人。在第一年過年時甚至不允許我們回城探親。回到了家要是沒有公社的允許證明，就會被扣留進收容所。

只讓我感到一絲溫暖的是大家一起聯合打炒米餅。我沒有近親在鄉下，我爸爸從來就沒有到過鄉下一次，說不上有什麼家鄉的情意結，沒多少村民關心這些落難的小青年。但到了打炒米餅的季節，一般是在快過年的時候，在吃過晚

飯，都是你去我家幫忙，我去你家幫忙。用米粉和糖花生碎混合塞在餅模裡，用棍子打實了做個餅再烤乾，做的餅藏在罐子裡，能夠放上一年慢慢吃。很多女間的姑娘來幫忙。鄉間未婚的姑娘住在女間，未婚的男子住在男間。年輕人喜歡到我家坐，端著飯碗到我家吃，沒有人問一下主人歡迎不歡迎，直接就進來，但我跟他們很難溝通，大家在文化間很有距離，我不是看不起他們而是沒有共同的話題。但弟弟妹妹跟村民能打成一片，很融合。弟弟跟小青年一塊幹活，一塊洗澡一塊偷魚，他們在魚塘捉了魚就煮來宵夜，他沒有挨餓倒很快樂。我是老師，同時我從來是循規蹈矩的，在鄉下絕不能丟了奶奶的臉。所以在鄉下不單挨餓還熬上了一身病，割了盲腸，患了甲型肝炎，還有敏感症，每天定期出風團，臉和嘴巴都又紅又腫，特癢，醫治了好一大段時間，在鄉下這幾年是我經歷最不快樂的時間，這是為什麼我決心拚命也要離開。有人說妳當了老師待遇比農民好得多了，為什麼還要走？我也該寫一下廈朗小學的事，我不但要的是自由還要完成繼續念書的夢，我更不甘心一輩子困在農村，我要飛出去看看整個世界。

茶山驚夢
回鄉

殺雞鬧劇

　　那時很多地方都是敲鑼打鼓地歡送下鄉的知識青年，我們回自己家鄉的沒有戴紅花，也沒有送別會，灰溜溜地被強迫離開家，離開出生地廣州。祖母含著淚帶著我們姊弟三人回鄉下，東莞茶山下朗村。她再三叮囑我，千萬千萬看好我的弟妹，別讓他們學壞，別在鄉裡偷雞摸狗，別給我家祖宗丟臉。那時我剛滿十九，我妹十七，弟弟才十五，我們年少不更事，把戶口遷出了廣州後，不知道離家容易，回家比登天還難。

　　我爺爺也不是在鄉中長大，鄉村裡最親的算是叔公，我爺爺的爸爸的兄弟。村中人並不怎麼歡迎我們，我們來了，村裡的資源就分攤薄了。什麼是鄉里親情？我一點兒都沒有體會到。村裡的治保會主任外號叫黑煲，人如其名，臉就像個黑鍋，狠狠地訓了我們一頓，我們是接受他們貧下中農再教育來的，不再是紅衛兵的那套，要老老實實的，別亂說亂動。

　　什麼亂說亂動？我們連煮飯都不會。不要以為我在家十指不沾陽春水，在家燒煤做飯搞清潔的都是我，不過在鄉下什麼都不同了。鄉下做飯用做菜的鍋，燒的是稻草。要注意聽那鐵鍋裡有啪啪的響聲時，飯就燒好了。不然飯會被燒焦。我左手把稻草送進爐子裡，右手拿著鍋鏟炒菜，手要非

常快。起初顧得了右手又顧不了左手，是讓稻草從爐子裡滑了出來，有次連自己的褲管也燒著了。

我每天都要到井裡挑水才能做飯，可是要命沒有下飯的菜。要是在廣州，就可以到市場上買，可在鄉下我要到茶山墟買，一般趕集都在早上，等下午放了學也什麼都沒有賣了，就是能有我們也沒有錢。我們生產隊不算窮，每月都有一點點豬肉、魚拿出來分，從我們的工分裡扣回。我們姊弟三人每年的工錢共有一百二十塊左右，每人再分掉二十塊作為零用、買衣褲、回廣州的路費，剩下六十元，就是說我們三人每月只能用五塊錢作家用，除了買菜還要包括買肥皂、廁紙等等。我是大姊姊當然是個當家人。妹妹負責清潔衛生、挑水和洗衣，弟弟要種自留地。一般農民活得好好的，因為他們的錢從來不用來買菜的。他們在自留地裡種菜，養雞鴨，養豬，再讓孩子去捉魚，去撿柴火，晚上有的村姑織些竹器去市場去賣。我們到農村的知青從來沒幹過這些活，常常都是有這頓沒有那頓的，日子過得苦得很。好心的村民有時也會送些菜給我們，月表姑每次趕集都會給我們帶來一大捆青菜，我常常都很感激她。隊裡的幹部從不會關心我們，教教我們如何面對生活，反而把我們對農活的無知當作笑料。剛到第一年生產隊要我們養一條豬，那可不簡單。首先我們要建一間豬屋，要在自留地上種上豬菜，我們剛來插隊，怎談得上建屋和種菜？我拒絕了卻換來了罰款三十塊錢的罰單。

看著大家臉如菜色，我們決心向農民學習，養些家禽和種菜來改善生活。誰知我弟弟首先學的是種菸，我是反對的，可是弟弟說，這裡的男孩子都抽菸，在種地期間小休息

一會，男人們就會蹲在一塊抽菸，不然坐在女人堆裡多沒意思。後來菸葉倒是有收穫了，可是菜始終沒種成。我也知道肥料是個問題，家裡也沒有糞池，同時幹完了一天的農活，大家都累的，痛得渾身都沒力氣，所以這些從城裡來的知識青年沒有幾個還有精力去管自留地去種菜的。那我養雞好了，以後每天我們都可以吃雞蛋，妹妹養了兩隻鵝，弟弟養了隻叫亞黃的唐狗。這些都不是現代人說的寵物，當時我們只是想要能吃上點肉改善一下生活就挺不錯了。

我買了幾隻小母雞養在園子裡，只是每天餵些穀子，不久小母雞生了雞蛋，我高興得很，過幾天我們就可以每人一顆雞蛋。養狗也不難，只有用飯加點水就可以了，哪有什麼狗糧？狗什麼都能吃，隨地在外面跑來跑去，小孩子都不用尿布，在街上拉了，那些狗就馬上去吃了還能舔乾淨小屁股。到了吃飯的時候，狗都會自動地跑回家，晚上把狗關在家裡就行了，這比養豬更省事，那時候吃狗是平常不過的事。養鵝倒是麻煩，要墊些乾牛糞在地上，讓鵝躺在牛糞上，鵝的肚子不能受冷，牛糞濕了要馬上換。除了餵飯和菜還要每天帶牠們出去吃草。

這幾隻小母雞使我真開心，可是好景不長，有一隻雞開始不下蛋了，不吃不喝地準備孵小雞。隔壁的大嬸告訴我，到茶山墟成藥店買些藥餵這隻雞，牠就會馬上清醒過來不想孵小雞了，過一陣就可以重新下蛋了。我買了藥使勁把藥給雞灌了下去，沒多久母雞就在地上打圈打圈地轉，然後不動了。怎麼啦？大嬸告訴我，這雞死了，把牠扔到池塘裡吧。我想，不行，多浪費呀，我把雞的內臟扔了，把這雞做了菜。可是這個雞的肉帶著藥味涼涼的，但總比沒有好。以後

有人向池塘扔發瘟雞，我也要來做菜。也許是祖宗保佑，我們姊弟都沒中毒。

　　第一年的春節，我們所有的知青都不允許回家探親見父母，也許怕這些前紅衛兵鬧事吧。有的知青偷偷溜回了家而沒有被批准的證明就被捉進了派出所。儘管我們很想家，那沒法只有留在鄉下過年。鄰居家送了些炒米餅給我們，讓我們的心裡也好過一點，把兩隻鵝託人帶進城裡給父母和奶奶，我們也應該殺個雞過年，美美地吃一頓，把鄉下當自己的家好了。

　　我不會殺雞，從來也沒殺過活生生的雞。在廣州什麼都憑票，在我記憶中好像沒有雞票，我們一般都在飯堂打飯，也沒有見過媽媽殺雞。反正是向貧下中農學習來，我向大嬸請教殺雞。她給我示範，左手捉住雞翅膀，把雞頭夾在翅膀裡，右手還可以拔乾淨雞脖子上的毛，用右手拿刀，準確地一刀切下去。這容易極了。

　　小母雞一見我來，都高興地把我圍住了，以為我給牠們餵吃的來了。我東看西看這都是我的摯愛，可是今天我是取牠的命來了。看了半天，也捨不得挑出一隻來。最後我還是挑了小瘦，這雞又不長肉又不生蛋。溫順的小瘦乖乖地被我捉住了，我按照再教育的程式，左手緊捉著雞，右手顫抖拿著刀，心裡一橫向雞脖子抹去。說時遲，那時快，小瘦淒厲慘叫一聲大叫，鮮血四射從我手中掙扎飛撲出來，撞向我的頭再撞向牆倒在我的腳下。嚇得我的叫聲比小瘦更加慘烈，我的左手、我的臉都沾上小瘦的血，牆壁上更是點點鮮紅，我扶著牆靠著，急促地喘著氣，恨自己沾滿血的手。這時看熱鬧的人圍著我的門口都來了，看見目前的一切，就像看恐

怖劇場。我聽見有人説，怎麼啦，她割脈自殺？快搶去她的刀！有人説，不，她在殺雞。不會吧！哪有這樣殺雞的？終於那驚訝聲終於變成大笑然後四散而去，這殺雞鬧劇使我成為全村的笑柄。從此以後，我都打消了養家禽來改善生活的主意，看著朝夕共對的家禽成為食物，簡直倒了胃口。

雖然我是村裡的老師，可是文革以後也沒有誰尊師重道。村民説像我這種女知青最沒用，只知道彈唱，不會挑水種菜養豬，不會織竹器幫補家用，連殺雞都不會，連做個農村媳婦也不夠格呢。這真叫心高氣傲的我受不了，這難道真的要在這裡度過一輩子嗎？

火鳳凰

闌尾炎手術

　　那是我在東莞茶山插隊的一個晚上，我睡到半夜，突然一陣劇痛把我弄醒了，真是肝腸寸斷，揪心裂肺的痛，筆墨也難形容。剛好我姑姑到鄉下來探望我們，她給我吃了顆止痛藥，可是一點用也沒有，好容易熬到天亮，她跟我到茶山公社衛生院看醫生。

　　從我們下朗村走到茶山公社衛生院平日要十五分鐘，那天可我走到那裡足足走了半小時，頭上直冒冷汗，內衣都濕透了。公社衛生院簡陋極了，幾條破舊等候的長凳，寥寥幾個醫務人員。醫生診斷是急性闌尾炎，要馬上開刀，可是這裡沒有手術的設備，要馬上到石龍醫院再檢查確定和找醫生動手術。千萬不能遲，不然讓腸子破裂了就會引起腹腔炎，有生命危險。

　　從茶山到石龍有五公里路，還要坐渡船過東江。平日我們都是走路去的，當然要是能騎單車去是最好不過的，對手無分文的我，還是別提了。其實還是有公共汽車的，可是要買票就得到大隊部找幹部開證明才可以買車票，還不知他們開不開證明，這一來，到明天還不知能不能出發。姑姑擔心我能不能忍著疼痛走這一個多小時的路，可是這是唯一的選擇了。停停走走，走走停停，姑姑陪著我。雖然是冬季寒風凜凜，我緊咬著牙強忍著那刀割一樣的疼痛，大汗淋漓地拖

著發抖的腿走了兩個小時終於到了石龍人民醫院。醫生抽了血檢查了，還是一個結果，要馬上開刀！

我身上只有幾毛錢，我懇求醫生可不可以讓我乘火車回廣州，讓我媽媽可以照顧我。可是醫生說，要是路上出意外，妳要自己負責，實在是太危險了！妳走了兩個多小時還能撐到現在，已經是幸運，不過幸運不是常常有的。姑姑也要我馬上進手術室。七十年代去看醫生也算好的，沒有錢，醫生也會給你看，可以先借了錢交了醫藥費，然後回生產隊可以報銷。姑姑說她馬上回廣州找我媽媽，讓她來看我。

當天我被推進了手術室，那是四面油漆剝落的、蒼白的破牆壁，在房頂上掛著一個大大的古老的銅燈，中間是發亮的圓形銅器，就像一面鏡子，四周圍著蠟燭形的燈泡。手術床就在那銅燈之下。一個燃燒著的煤爐就放在手術床的下面，在南方的冬天沒有暖氣，大概都是這樣取暖的吧，我不知道其他醫院是不是這樣的。我躺在手術床上，在銅鏡的反射之下，我看到被白布裹著的自己，這時害怕的意識都被疼痛占據了，只感到我像一條放在爐子上任人宰割的魚。護士婆婆進來讓我弓著腰，用錐子一樣粗的針猛力一插在我的脊骨打麻藥，說得是半身麻醉，只是下半身失去知覺，所以我能夠知道我的手術過程。

一個青年男醫生笑容滿臉帶著幾個護士姊姊走進來了，手術室就像突然透進一道陽光。他文質彬彬，很年輕，好像只比我大一兩歲，不像很多醫生戴著厚厚的近視眼鏡，露出一排排煙屎牙。他手指長長、白白的，輕輕地小心握著手術刀，一邊問我的名字，跟我聊天，還說呀，他跟我同姓，也姓袁。我看著銅燈就像看鏡子，他切開了我的肚子，血流出

火鳳凰

來了，護士姊姊用棉花在沾著汙血。他戴著口罩，我無法看清他的面容，我看到他的眼睛，很清很溫柔，剛滿十九歲的我從來也沒有這樣一個近距離看一個男孩子。他仔細把盲腸剪下來讓我看看，他說妳看，這樣薄，只差一點點，那膿就會出來了。我就像被催眠一樣，在銅鏡裡看著他用線縫合我的肚子，就像看別人一樣地觀看這完美的手術。他的聲音非常磁性還跟我說笑話，他說，妳真要減一點肥。

我迷迷糊糊地被推回了病房，被同房的一個正在彌留老婆婆那沉重的呼吸聲驚醒過來，當呼吸聲被哭喊聲取代，又變成可怕的寂靜，我又沉沉地睡去。過了幾天我媽媽終於帶錢來接我出院，我很快又恢復了健康。

事隔了幾年，那青年醫生的溫柔眼神始終使我難以忘懷。後來我認識了一些石龍的朋友，我向他們打聽這位石龍醫院姓袁的醫生，也讓我好好謝謝這位救命恩人。可是他們說石龍醫院沒有一個醫生姓袁的，我說，不！我清清楚楚記得這醫生是跟我同姓的。石龍鎮很小，只有一間中學，幾乎差不多年紀的同學都會認識。石龍朋友想了一下，說有一位姓袁的同學，他舅舅是外科醫生，在文化大革命的時候看他外甥沒事幹，就帶他回醫院幫忙，他幫舅舅拿刀拿剪，學到了一些技術，有時也幫忙做些小手術。我聽了大吃一驚，原來替我開刀並不是個醫生，想不到我會成為他的小白鼠，開刀的實驗品。可是又一回想，當時的許多赤腳醫生也不是這樣訓練出來的嗎？其實呀，他是不是一個醫生已經不重要的，最重要倒是這個手術是成功的！多少年過去了，當我摸到肚子上那小小疤痕，我都會回想起那赤腳醫生那溫柔的眼神。

廈朗小學

　　下了鄉幾個月後，我被調到廈朗小學當教師。雖然我只念到高中一年級，也算是文化程度高的了。擺脫了繁重的體力勞動，真像天大的恩典，也是我比較喜歡的工作，我真立志想當個好老師。

　　廈朗小學就在小河邊，門前有個漂亮的亭子，還有棵大榕樹。學校建得古色古香，是間民辦學校，很久以前是由鄉紳和村民建的。進門是個大天井，一邊是教務處，一邊是教室。每邊還有兩間小房留給了兩個公立老師，他們是外地人，是拿國家的薪水，每月都有三十多塊，但每年暑假寒假才能夠回家。其他的老師都是民辦老師，由生產隊出糧，跟普通的社員沒有兩樣，我大概每月是六塊錢左右。過了天井就是個大廳，用來讓全體學生開會。使我想不到還有個小小的圖書館，經過了破四舊還有舊書沒有被燒掉，是個大寶庫，有了這些書，使我在困境中像得到一股清泉。

　　小學有六個年級，還有一個初中班。我剛到學校，就要求我教初中班的化學，這是完全沒有實驗的材料，只是照書本講。相信我還牢牢記得那些化學化合價和方程式，大概沒有誤人子弟。李老師是公立老師，一個中年女人，是比較有教學經驗，常常教我和給我幫忙。後來我接手她的班教三年級。當時我是教師中最年輕的一個，後來才增添新教師。

火鳳凰

當時學校是由生產隊派個農民來管理，美名是由貧下中農管理學校。起初來的是一位老人家，並沒有什麼管理學校的經驗，只是搞很多會議，學學毛語錄。後來來的一位青年，他的老婆也是知青，跟我很談得來，無私地借我單車讓我可以去探望朋友，也可以到五公里外的石龍鎮去看電影。有次借了他的車子看完電影晚上趕回家，由於路上沙子鋪得太厚，我重重地摔倒了，滿手是血趴在公路上半天爬不起來，天太黑了，路上沒車沒人，求救沒門，一拐一拐瘸著腿推著車走回家。車子摔壞了，他也沒有責怪我，我真不好意思。當然他也是沒有什麼管理學校的經驗，這只是照上面意思一個擺設罷了，可他是個大好人，也能體諒知青的困境。

　　學校要我教高年級同學跳一個歌頌黨的舞蹈去表演，我最年輕非我莫屬。這也難不倒我，我在戰歌多年，看別人跳舞已經以熟能長，結果同學們跳得很不錯。那隔壁鄰居的女孩亞苑就纏著我教她跳舞，因為她就要結婚。那時凡是到公社去登記結婚的男女都要跳個忠字舞才允許登記結婚，這真是個大笑話。我看到她的舞姿，簡直笑到伸不直腰。事實上是要求個人都要會跳忠字舞來表示忠於黨和毛主席。

　　我接手教三年級，是科科都教，語文算術圖畫音樂體育一腳踢。全班三十多人，但上課就接近五十個。來上課的小孩才九歲十歲多都帶個弟弟妹妹，他們的媽媽都要出田開工，有的拖著兩三歲的弟妹，較多的用背帶背著小嬰孩。上課的時候說不上什麼時候小嬰孩吵鬧，小哥哥姊姊就要請假把小孩送給媽媽餵奶。那兩三歲的小孩在教室亂跑胡鬧，老師也無法控制。只有在考試的時候幫忙抱著吵鬧的嬰孩讓小姊姊專心考試。村民的小孩沒有尿布，都是光著屁股，很多

時候都弄濕我的衣服。小孩直接在路邊大便，小狗就會舔得乾乾淨淨。人們吃狗肉卻沒有嫌髒。上體育課教過游泳課，就帶學生浸在魚塘裡去教他們，大家都沒穿游泳衣，也沒有游泳衣。魚塘還有廁所，有時水上飄著大糞，我也不敢有異議，怕別人說我小資產階級思想嚴重，怕髒怕累，要改造思想。

　　文革過後，老師是不會受尊重的。這些叫做資產階級知識分子是要接受貧下中農的再教育。學生們有的不是不愛讀書，是他們實在太忙碌了，除了帶弟弟妹妹，放學了還要為家裡拾柴火，捉小魚小蝦為每天帶飯菜加點菜。孩子都有自覺性，認為為家裡幹活是理所當然的。所以鄉下人都喜歡生多點孩子，人多好辦事，十分有用。不像現代的孩子，為家裡幹活還要拿到零錢。

　　有的學生學習成績不好，我急壞了，晚上打著手電筒穿過漆黑的郊野給學生補習，誰知道不會受歡迎。讀書也許是沒有用的，大學還在關閉之中，讀書好還不是回家耕田種地，都沒有多大的前途，就像我們不是一樣要下鄉嗎？幫忙家裡幹活挺重要，起碼能改善生活。孩子在晚上有的要切豬菜，煮好來餵豬，有的學織蝦籠去賣錢。每個農家都要搞點副業，不像我們知青，沒有額外的收入，每年都要超支。農民是看不起我們，我們不單不會幹農活，是懶惰的一群，不養豬，不種自留地，簡直是給他們一個負擔了。

　　在學校不是不需要幹農活，是每年的農忙時，老師學生都要外出幫忙收割。我印象比較深的是帶高年級學生走路到東莞厚街去幹修水利工程。這段路大概有四十公里，用一天時間走到厚街，腳板已經打滿水泡。因為身分是老師，自己

火鳳凰

不能叫苦，還要幫忙學生。不過農家的孩子狀態比我強，不過他們喜歡作弄我，在挑泥的時候故意把我的筐子裝得滿滿的，幾乎挑不動，我挑時東擺西搖的讓他們好笑。以前修堤壩都是靠人力，沒有機器，每年都要動員人們去挑泥，我妹妹最愛去挑水利，雖然工作挺辛苦，但每頓飯有魚吃，還跟同伴住一塊，有說有笑。但村民只有未結婚的男女青年願意去，其他的家裡太多活幹。

在厚街我碰到小學同學，街坊：美雲。她也是下放厚街的知青，晚上我到她家聊天到深夜，真沒想到我又聯絡上一位好朋友，從她那裡知道許多知青們的新情況，包括捨命投奔自由的小故事，特別打動了我，另一條出路彷彿擺在面前。從此以後，美雲成了我一生人的好友，更鼓勵我建立投奔自由的決心。實在也是多得這次去厚街修水利的活動。

我是十分喜歡當老師，覺得十分適合我的性格。但是在鄉下我找不到滿足感，學生不太喜歡念書，我還是找不到繼續學習提高的機會，大學的門還是緊緊地關閉。我每天都在努力自修，自學幾何數學，寫故事提高寫文章的能力，還是等不到有回校念書的一天。就像一隻關在籠子裡的小鳥，還受著千千雙眼睛在監視著，這樣活得自在嗎？我老是渴望能有衝出籠子的一天，自由地飛上藍天去看看這個世界。

我站在我畫的宣傳畫前。

放暑假回廣州

火鳳凰

夜闖鴛鴦巷

鴛鴦巷我家鄉茶山下朗村的祖墳，卻有一個十分漂亮浪漫的名字，可不知道這裡有個可怕淒涼的故事。傳說中妙齡的女子愛上了一位鄰村的少年，他們本來就各有婚配。他們不顧禮教的約束，在一個沒有月亮的黑夜在鴛鴦巷相約私奔，可是被女子的夫家發現了，並帶來一幫村民把這對越軌的男女用亂棍打死了，鮮血染紅了小山坡地界的石碑，從此這裡被改名為鴛鴦巷。

鴛鴦巷四周還種滿了荔枝樹，黑壓壓一片，就是白天也是怪陰森的。山坡的一面是密密麻麻的金塔。那是陶瓷大瓦缸。據我們村的風俗，當人死了四、五年進了棺材以後就要執骨，把骨頭從棺材取出來，排列好，像一個人的坐姿重新放在金塔裡，這才就完成了整個殯葬程式。可是這裡的野狗多得很，把金塔的蓋子撞破了，把骨頭叼了出來。我們的村民平日不願經過鴛鴦巷，他們寧願繞路走，就算耕牛走過到這裡，也變得像小跑似的，急速地跑過去。傳說那一對冤魂不散的情侶夜間在這徘徊，在月黑風高的夜晚有人還看見有個披頭散髮鬼魂坐在地界的小石碑上淒厲地長嘆。

說起來奇怪，當時我和弟弟、妹妹從廣州到了鄉下插隊，我很快被分配當了教師。下午教完課，我卻愛走到鴛鴦巷，坐在荔枝樹下，發發白日夢，在那裡我反而覺得有說不

出的安全感，因為要找個明白我的人也不多。不要說我聽不懂村民說的東莞話，連我的一舉一動都好像被人盯著指指點點被說成笑話；什麼赤腳走路就像跳舞、燒稻草煮飯燒了自己的褲子、懶惰得不養豬、又不種菜等等。我和弟妹就住在我們祖先留下來的房子，在快倒塌的時候由我祖母出錢重建。房子較新，客廳較大，常有村民經常不請自來，捧著飯碗坐在我家閒聊，剁豬菜，織蝦籠，亦是其他知青們聚腳之處，可是這裡是被村幹部監控的熱點之一。我不會隨便說三道四，因為明白禍從口出的道理，更不愛談論一些東家長西家短的無聊的話題。只有在鴛鴦巷，四周靜悄悄的，我才覺得是一片不受騷擾的自我天地。有次買了些金塔蓋子，把缺蓋子的蓋上了，讓老祖宗舒服了，那我坐得更加舒服。我根本不害怕鬼魂，我更渴望有鬼魂，如有的話祖先的魂魄只會幫我，更不會加害於我。他們四處飄浮一定是見多識廣，我會向他們說出我的苦惱，為什麼求學無門？為什麼我不能有自己理想？為什麼我們一家、一族為國為民苦幹卻父母在幹校，我們在農村，一家人各散東西，有家不能回？鬼魂一定不會出賣我，打我的小報告，那比向其他人說話更有安全感。可是我常試試低聲呼喚鬼魂，卻從來沒有得到回應。

　　有天大哥明和蛇仔秋到我家聊天，他們也從城裡來鄉下插隊的知青，當大家談到鴛鴦巷猛鬼的故事，我卻笑他們生得高高大大男孩子卻生了個老鼠膽子，真沒用。他們一氣之下跟我打個賭，賭注是十個雞蛋，看是誰贏了，就得到所有的雞蛋，輸了那一定賠出那些雞蛋。十個雞蛋並不是個少數字，在那時候很多時候什麼菜也沒有我們還只是用醬油下飯呢。要是我沒有把握，才不會跟他們賭呢。他們在白天和我

火鳳凰

一起到了鴛鴦巷，在那地界石碑旁邊挖了個洞，把一張圖片撕成兩半，一半埋在洞裡，做個記號，一半由大哥明留著，他們叫我在夜裡十點鐘以後一個人到鴛鴦巷把半張圖片從洞裡取回來，當然那張圖片要和大哥明手中的圖片合得上，才不會作弊。我的裁判是我妹和對面家的村姑唐好，她每天都在我家織蝦籠，這天晚上她煮雞蛋糖水，其他人都在我家看熱鬧。賭就賭！反正是我贏定了，是誰贏了大家都有份吃糖水，一聽見者有份，隔壁農家的兩個小女孩都溜進來了。

那天晚上剛剛下過大雨，天黑路滑，我就穿上雙雨鞋，帶上個大手電筒，又剛剛洗了頭，又帶了把剪刀，是防壞人的，就按時出門了。我有深度近視眼，時時要停一下擦一擦眼鏡上沾上的雨水。不知怎的，萬籟俱靜，四處連小蟲的聲音也沒有，只有我自己的雨鞋在走路時沉重地沙沙響。雖然開了手電筒，在伸手不見五指的農地上走還是看得不很清楚。雖然我心中不太害怕，但風吹過荔枝林的聲音真像那女鬼淒涼低吟嘆息，保佑我吧！老祖宗！我在喃喃自語。又是一聲怪響，連忙用手電筒一照，哪有什麼鬼怪！我很順利就挖出藏在地界石碑旁洞裡的圖片，正要回程。

這時月亮剛剛從雲裡探了探頭，我放下了手電筒，把圖片小心摺好放在口袋裡。突然我看到兩個黑影遠遠地走過來，我馬上躲在石碑後面看個究竟。那兩個黑影越走越近，高的就像大哥明，那矮的準是蛇仔秋，真是豈有此理！居然嚇唬我來了！我決定先下手為強。等他們走近了一點我突然尖叫一聲向他們撲過去，我的首席女高音的聲浪果然尖銳地劃破長空，那兩個黑影嚇得飛快地四散而逃，我樂得大笑追

向前幾步，我越笑他們就跑得越快，很快連影子都不見了。我得意洋洋地以勝利者的姿態回到家中。

在家裡，大哥明正在幫忙捧出一碗煮好雞蛋糖水，蛇仔秋看著饞得幾乎流出口水。「怎麼？他們不是出外嚇唬我嗎？」我問妹妹。大哥明狠狠地白了我一眼說：「妳是以小人之心去度君子之腹。嚇昏了妳怎辦？夜半三更的哪裡找醫院，不是自找麻煩嗎？我才沒有這麼笨。妳贏了！吃糖水吧，我可沒有賴帳！」

天哪！我闖禍了！第二天就聽見村民說有兩個人在夜裡經過駕鴦巷去捉田雞，同時見到了女鬼，長長的亂髮披肩，兩眼發光（我戴的眼鏡），尖叫怪笑向他們撲過去，他們嚇得屎滾尿流，生病了好幾天，還請人來「喊驚」（做法事），才被治好了，結果還加油添醋的，越傳越厲害。我也根本不知向誰解釋或道歉，也怕給人戴頂破壞治安的帽子，幾十年了我一直不敢把真相說出來。說起來，真有點內疚呢。

招工夢碎

　　風越颳越猛，雨越下越大。狂風咆哮著，夾著從遠方而來的樹枝，沙石在房頂的瓦面上奔跑；一個個令人心驚肉顫的驚雷就像要把大地打碎似的。隨著雷聲，一道道白色的電光像要把這漆黑的天空撕成碎片。狂暴的雨點啊生氣敲到這瓦面，無情的雨水沿著瓦面流行來，千方百計想要鑽進屋子裡來。

　　這可惡的雨魔，然而它得逞了！它打濕了我的蚊帳和被單又想鑽進到床底下，我連忙用一個空桶放在床上接著雨水。「咚咚，咚咚……」雨魔在驕傲地嘲笑著，打著鐵桶，屋外更是響起一片共鳴。火水燈筒已經被在屋子裡稱王稱霸的老鼠打破了，燈裡的昏暗的小火苗在可憐地抖動著，使我和妹妹在牆上的影子也像怪模怪樣地跳動著。妹妹脫掉了滿是泥漿的褲子，洗過澡，拿著針線請我幫忙縫好她腳跟上爆開的長長的裂縫。可憐的一雙腳由於在冬天還要赤腳下田，那又凍又硬的石塊和泥巴把好好的一雙腳劃開了一道道血口子，要是不縫好，明天開工時會更痛。我小心翼翼用針穿過妹妹的腳皮，把那深深的血口子縫合上，妹妹緊咬著唇也沒有喊痛。要是奶奶看到妹妹這一雙腳，準心疼死了。

　　「姊姊，隊長說明天就要把這招工申請表交到公社去。」「嗯。」我無心應了一聲。我倆的眼光都一齊落到了

桌面上的紅色油印的表格上了。就是這張招工申請表，妹妹又把表格仔細翻開又重新看一遍，她不知道看了多少次了！那整整齊齊的鋼筆字是我用心一筆一畫填好的，可是妹妹還是不放心怕我填錯了或者寫錯了字，儘管燈光多麼微弱，我都看得見妹妹眼中閃耀著希望的光芒。

　　的確的招工申請表引起了我們不少的遐想，我們終於等到有個離開農村，離開這看不到前程和希望的地方，可是招工又是到哪裡去呢？一切都是靠政府的分配來決定。從小我們就被教育我們是不應該有我們自己的理想，黨的需要，祖國的需要就是理想，組織分配你幹什麼就得幹什麼，個人必須服從組織的決定。這時大學的門已經關閉了三年了，什麼時候能重新開放還是遙遙無期。我多麼希望有個機會大學能恢復考試，好讓我能選個專業上大學，妹妹是希望回家當工人，每月有工資也可以照顧年老的奶奶。可是希望就像肥皂泡，我們還能有夢，我們能有理想嗎？

　　「轟！」一聲驚雷在屋頂上響了起來。「嘩嘩！」一陣狂風把不知誰家的花盆從窗臺上惡狠狠地向地面砸去，徹底地打碎我們的遐想，把我們又帶回來那黑沉沉的現實中。

　　「哎喲，多大的雨！」一陣大風簇擁著戴著水淋淋竹帽的亞笑從大門衝進屋裡來。「怎麼，這麼晚妳來了？」我急忙迎上去接過她的帽子。妹妹跳下床來，一個箭步把大門關上把那些可惡的大風隨從阻擋回寒冷的街道上去。亞笑這個不速之客人如其名，圓圓的臉，未講先笑，她是插隊外縣的知青，她的外婆就住在我們村子裡，每年她外婆生日的時候，她都會來看望外婆和找我們聊天，同一命運的知青同病相憐互吐苦水是常有的事。

我把毛巾遞給亞笑讓她擦乾淨頭髮上的水，妹妹如獲至寶地拉她坐上床旁邊。「亞笑，我知道你們縣早就開始早工了，像妳這樣成分好的早應該是第一批被挑上當工人的，怎樣，説説你們的情況。」妹妹急不及待向亞笑打聽。亞笑撥了撥前額的頭髮滿不在乎地説：「招工，我才不稀罕呢！」她望了望我和妹妹驚訝的眼神繼續説，這次招工幾乎百分之百都是我們出身好的紅五類子女，只不過是到公社和縣裡的商業部門工作，也不是回廣州。要是去賣菜賣鹹魚我才不去！聽我們隊長説，這次招工早就內定好了，我的名字一早就在名單上了。説起來真好笑，我的那個同學幹活賣力不分日夜傻幹，雖然人人都説她表現好，可是就是招工沒有她，誰叫她成分不好，她眼紅我，可是我卻不稀罕！亞笑瞇著眼睛大笑起來，接著她放低了聲音説：「在鐵路局當局長的大伯答應過我，很快就把我弄到三線去，或者當個跑車的乘務員。妳們等著我的好消息吧！」

　　「妳的兩個哥哥呢？現在怎樣？也被招工了嗎？」我問亞笑，我知道她兩個哥哥都到了海南島當知青。他們在文化大革命的時候鬧得挺厲害的。一個是打砸搶的先鋒，一個是文攻武衛的幹將，聽説還扯上了命案。「一個哥哥參了軍，另一個進了大學，我父母和大伯都有辦法，他們這些革命幹部都平反了，現在都身居要職，還能讓我們當知青嗎？」亞笑洋洋得意地説。我也知道我的同學，省市委的官二代，他們到了農場一年半載就出來了，不少還當了官。「進大學，那不用考試嗎？大學還沒有全面開放呀。」我問亞笑。「哪用考試？是貧下中農推薦的表現好的工農兵子女，我哥還進了外語系呢。招工、上大學的不是我們出身好的，難道讓那

茶山驚夢
招工夢碎

些地富反壞右的子女優先嗎？」亞笑輕視咪咪嘴笑。妹妹深深嘆口氣，沒有考試制度，連我這個科科優秀的學霸來說也是無用武之地。真說不出口的沉重！

突然又是一聲轟隆的雷聲響起，一陣狂風呼嘯著猛然推開了破破的窗戶捲進了屋子來。「哎喲！妳看！」妹妹和亞笑驚叫起了，那可惡的狂風捲起了桌子上的招工申請表在空中轉了一圈又使勁地扔到水桶裡去了，我急忙把它撈了起來，糟糕，全濕透了。我那秀麗的筆跡化成了藍黑的一團一團。怎麼辦呢？我剛想把它遞給妹妹，忽然又是一陣狂風衝進了，張牙舞爪又把那申請表奪去了一半，接著又把那微弱的火水燈也吹滅了。我拿著這半張濕漉漉的破紙氣憤地把它搓成一團使勁地向窗外扔出去，大風勝利地帶著它消失在街道上了。

我藉著那長蛇似的電光向街道上望去，我看到幾個人影從我窗子下離開，我知道這是治保會的人。只要我家來人，他們都會巡查，他們認識亞笑就沒有進來罷了。有次來了男生，被他們帶到大隊部查證明，很多時候他們在偷聽，尤其以為可以聽到些巫山雲雨也作娛樂，更防止知青互相串聯有非法的活動。我不知道為什麼好好工作，老老實實做個人還會被監視，還夢想什麼會被招工上大學？

風越颳越猛，雨越下越大，破窗戶被風搖動發出慘叫。這時屋裡屋外都是一片漆黑，一片可怕的漆黑啊！

火鳳凰

第七個「和尚」

　　在七一年我還在農村的時候，我寫下了幾個小故事，這是反應了當時知青在農村普遍的生活情況。現在看起來還是很有趣。

　　小蒙幫亞嬋挑完了水，走進了屋，便愣住了：六個禿頭在屋間裡搖晃著，嘻嘻哈哈地打趣著，笑鬧著……

　　「啊，第七個！」高大的亞強，伸出他又黑又壯，滿是肌肉疙瘩的手像捉小雞似的把小蒙捉住了，小蒙在他懷裡使勁地掙扎著。「別鬧，我不幹！」小蒙直嚷著。

　　小蒙你說他小嘛，他今年已經二十四了，說他大嘛，他個子的確十分小，從他背後看，說像是初一的學生。不過從年齡上來說，他是全宿舍最小的了，他身高只有一米五二，不過長得十分勻稱。記得八年前，他剛到農村的時候，他只有十六歲，白淨的臉，低著頭，活像個小姑娘。說起來你也不信，在前三年，小蒙和小麗顛倒著演過白毛女和大春呢。當小蒙穿著亞嬋做的大紅衫，頭上戴著用麻做成的假白髮，用輕盈的舞姿從後臺裡飛出來的時候，當他用芭蕾舞鞋在舞臺上旋轉的時候，有誰說他是個男孩子呢？公社書記還感興趣地問：「這是哪一隊的女孩子，演得滿好。」他搏得了全場多少的掌聲。可是這幾年來，他早就沒有這個開心了，八年的日曬雨淋，使他臉上像塗了一層黑黃油，他失去了他那

天真活潑的微笑，他那長長細細的漆黑的眉毛老是緊鎖著，緊鎖著，再沒有人取笑他像姑娘了，人們都說小蒙是長大了，不過他卻像小孩子故意裝扮成的老頭，可是誰知道小蒙的心事呢？

傻綿手拿著剃頭刀，笑嘻嘻地晃著他那剃得有點兒反光的禿腦袋，向小蒙裝了個鬼臉，一面用手捋起他那骯髒的衣袖子，一面滑稽地大聲叫喊著：「可敬的白毛女同志，我代表我自己熱烈歡迎你成為我們和尚團的第七名戰士！」接著興高采烈地向小蒙走來。

小蒙更急了，可是在亞強那像鐵鉗一樣的手臂裡，他只像一隻可憐的小貓。

這準是傻綿和李出的鬼點子，昨夜小蒙睡得矇矇矓矓，好像聽見亞強說：「喂，傻綿，明天應理髮了。」「就是你的頭髮像亂草那樣瘋長！給你剃個光頭算了，省麻煩。」「也好，夠涼快。」「給我們全都剃了吧。反正更是個名副其實的和尚了，哈哈……」想不到今天他們都真的這樣幹了。

「慢著，慢著！」亞祥拉著傻綿拿著剃刀的手說，亞祥的外號叫老鬼祥，他的年齡最大，快三十了。個子長得又黑又瘦又高，可能是高，背顯得有點駝，腰裡束著一塊紅格子的洗澡巾（這裡的農民都是這麼打扮）要不是他戴著一個黑邊深度近視的眼鏡都真和農民沒有兩樣。看他搖著新剃的光頭，弓著腰，那洗澡巾拖在身後，活著一條尾巴，顯得多麼不倫不類。

「要以自願為原則，人家小蒙有亞嫦嘛。怎麼硬把人家拉到和尚團來呀？」亞祥老聲老氣地說。

「嘿！你問他，要是他娶了亞嬋怎麼生活去？」傻綿滑稽地眨了眨眼。

傻綿的話像尖刀一樣刺破了小蒙的心，小蒙像洩了氣的皮球軟了下來，其實怎樣也要被這群調皮鬼擺弄的。

傻綿這是第二次說他那句話了。

記得小麗離開他們的那天晚上，小麗把小蒙叫到廚房裡來，嚴厲地教訓他：「小蒙，我走了，我把亞嬋託給了你，你可得小心照顧她。你要是和她好，你就得娶她，你該為她想想！她家又對她不太好，她一個人在這裡，身體又殘廢，日後她怎麼辦？」小蒙心亂如麻，低著頭，沒做聲。

誰知她的話讓進廚房找水喝的傻綿聽見了。不容分說地像連珠炮一樣地對她轟開了：「小麗，妳這算什麼話？妳就不給我們的小蒙想一下，就算他們結了婚，又憑什麼生活？妳是好樣的怎麼又飛了？去當隨軍家屬去？」一句話給小麗鬧了大紅臉，含著淚花跑了。「你怎麼搞的，人家明天大喜，你卻要把她惹哭！」亞祥聞聲而來給傻綿一頓責罵。

唉！傻綿的一番話，又勾起了小蒙的傷感。

「哈哈！咱們的白毛女變成了漂亮的小和尚。」傻綿剃完了最後的一刀，順手拿了個鏡子塞到小蒙的手裡。

鏡子裡的小蒙還是那長長黑黑的眉毛，那烏黑靈活的眼睛，高高的鼻子，小巧的嘴唇。可是那帶點兒褐色的捲髮已經全部掉在地上。

他想起了他去世的媽媽最愛用木梳梳直他額前有點捲的頭髮，慈愛地欣賞著她的獨生的遺腹子。「多麼漂亮，我的心肝！我的女小子。」

「別發呆了，去吃飯吧！」亞祥掃著地上的可愛的捲髮在說。每天中午都是亞嬸煮了飯，吃完了，就放牛去了。他們都能吃到熱呼呼的飯。

大家都拿起了飯盒子，傻綿用湯匙有節奏地敲，這是用他的話說，飯前大合奏，他們都盛了飯，坐在他們自己的鋪位上。

房子不算窄，可是放七個鋪位可就是顯得窄了。這是以前村子的廟堂，一進門左邊的廂房是放點雜亂的禾草，中間是天井，門的對面是廚房，對著天井的就是他們的宿舍，左右各擺著三張床，那時候要放第七張就無論怎樣也放不下了。剛好中間靠牆有個供桌，小蒙個子小，身輕，他就睡在上面。那時隊長說，暫時就這樣吧，可是「暫時」一晃就是八年了。小蒙盛了飯，在門檻上坐了下來，一隻滾滿泥的豬從外面跑進來，用牠那長長的嘴在天井裡亂咬，幾隻母雞不慌不忙地踱著步，注意著從上面掉下來的飯粒，一群在屋角便缸上的蒼蠅大概聞到美味吧，飢餓地向小蒙的飯盒裡撲來，小蒙不耐煩地用手揮了揮。

「又是酸菜！」小蒙毫無食欲地瞅了瞅飯盒子，不知怎的，小蒙好像覺得他的鼻子和心都像有點酸。

他不由得又想起了他的亞嬸，亞嬸那含著淚水的眼睛好像又在閃動著。

他記得不久的一天晚上，天已經黑了，銀白色的月亮掛在枝頭上，像往常一樣，亞祥在廚房忙得團團轉，他是晚飯的廚房總管。小蒙照例又是餵他那貪饞的母豬。亞強他們又經從自留地割了一大捆薯苗回來了，該吃飯了，怎麼不見亞嬸進廚房呢？「小蒙，快叫亞嬸！」亞祥在揮指著。

亞嫦的房間就在他們宿舍的後面，小麗走後，她就一個人住了，她的門半掩著。「亞嫦。」小蒙叫了一聲，沒應，又叫了一聲，只見亞嫦帶著哭聲應了一聲，小蒙推門進去。

房裡黑沉沉的，還未點燈，月光在門外徘徊著，進不得來。這裡農民的房子從來是沒窗的，屋裡又濕又黑，只見亞嫦伏在桌子上痛哭。「怎麼啦，又是那幫小孩欺負妳啦？」亞嫦抬起那雙可憐的淚眼，那清秀的眼睛卻有點紅了，她見到小蒙便哭得更厲害了。「他們一群圍著我嘲笑我，看！生龜女放牛，還用石子向我亂扔。」小蒙看見她那被太陽曬得焦黃的頭髮下那個血痂，小蒙心裡倒抽了一口涼氣。「我為什麼不能和旁人一樣，到了這裡還淨受欺負！」亞嫦用手擦了眼睛抽泣著。

的確，八年來，亞嫦忍受了多少難忘的痛苦啊！她恨她媽媽生了她難著的駝背，在這裡，她既不能挑，又不能抬，她只能放牛。每天她去放牛的時候，她比牛才高一點點，農民和一點頑皮的小孩喜歡嘲弄她，欺負她。她不敢回家訴苦，那家裡的會說：「誰叫妳去的，還不是妳自己找來，自作自受！」其實她是殘廢人也許不一定要下鄉，當時她不知為什麼鬼迷心竅，也許心想早日離開不和諧的家，她是要求下鄉的。在這裡，只有小蒙同情她、安慰她。只有小蒙，才使她受到人生的愛撫。

亞嫦卻是個靈巧的姑娘，老天使她殘廢，而又賜給她一種天賦，她有特強的記憶和手藝。她裁剪衣服比別個姑娘都好，小蒙宿舍的同學的衣服都是她裁的，她還打得一手好洋琴，小麗和小蒙學芭蕾舞還得和亞嫦一起去，她自然不能跳，但是可以清楚地記憶出芭蕾舞的每個動作。

茶山驚夢
第七個「和尚」

可是她卻得不到一份適合她的工作，其實一個人生活並不是為了吃穿，而且應該都有自己的一種事業，為了這種事業，許多人都會毫不猶豫地用盡全身熱情的火焰，生命的火花去殉這種事業啊！

　　「噹！」一隻黑色的小母雞側著頭斜眼望了望沉思的小蒙，鼓起了最大的勇氣跳起啄了啄小蒙放在膝蓋上的飯盒。「哈哈……」小母雞趁小蒙還未防備，又啄了一口。

　　小蒙從大家的笑聲中驚醒，趕跑了蒼蠅和母雞，無精打采地把酸菜和飯向口裡塞。亞祥坐到小蒙身邊，小蒙的思路好像感染了他：「唉，這日子……，不過你別想這麼多了，做一天和尚敲一天鐘。你想也沒用，也不由你想。」

　　「是呀，想什麼，還是聽我的吉他。」傻綿隨聲應著，一面彈起他日夜積蓄的寶貴財產他那心愛的吉他。

　　他那悲哀、幽怨的吉他，悠揚地響起來，亞強打了個呵欠說：「現還有半點鐘，最好是睡覺。白天得不到的東西，夢裡也可以到呀。」

　　「我說呀，你們唉聲嘆氣也不是個辦法，我們自己要找出條路來呀。」「撞死馬」坐在鋪位上翻著他那《馬恩列斯論文集》一邊說。

　　「去你的！你就知道『撞死馬』。」傻綿高聲挖苦著，他無可奈何地笑了起來。

　　八年的風，八年的雨，八年的辛苦，八年的汗，八年的共同命運把他們聯結起來。儘管不同的性格，不同的理想，使他們團結得像一個人似的。

　　「喂，下午開知青會！」李從外面走來。

火鳳凰

「好極了！可以歇一會。」亞祥站起來舒展一下他常弓著的腰，傻綿他們連忙脫下了那泥漿的褲子，往床底下一扔。雖然是到公社開會，可還得乾淨點。

他們馬上動身了，因為到了公社的墟鎮上還可以逛一逛，順利買點東西安慰一下那無油的嘴巴。

他們嘻嘻哈哈地走在前頭，小蒙無精打采地隨著後面，他們的快樂感染不了他，小蒙這天總是悶悶不樂。

他們穿過了魚塘邊的小路，沿著小河向前走，雖然赤日炎炎的，但亦有一絲涼風，掠過河邊的柳枝和河邊蔗田的綠梢，小河的另一邊是稻田。稻子早成熟了，眼下過幾天就要開鐮，無邊的稻田在翻動著那金黃色的波浪，幾隻黃花雀貪婪地在稻田上飛翔。

看著滿眼金黃色的稻穀，亞祥滿心歡喜。因為再教育的結果，他欣賞景色再不從那美麗、詩意二字出發，他非常注意它對自己的經濟價值。

「喂，看這稻子長得不錯，可能今年的勞動日值有五角錢吧。」亞強的雄壯的聲音導出了亞祥的心裡話，因為亞祥非常指望在今年的夏收後能給自己換個眼鏡。雖然家中還有稍寬裕，但他不願意爸爸開玩笑地說：「嘿！你快三十了吧，怎麼還讓爸爸養？」

「亞強，還是回你的被窩去做你的好夢吧。」「雷公照」像轟雷似的蓋過了亞強的聲音，因為他和「撞死馬」都是認為不能把希望寄託在這方面。

小蒙和傻綿都無動於衷，因為他們今年不超支就萬幸了。他們只希望那片稻田縮小一點，再縮小一點，那他們才

倖免拖著那累得發麻的身子回家，望著那無邊的稻田，他們真為今年的夏收不寒而慄。

他們一行七人經過了鄰近的一條村，迎接他們的是那好奇的、嘲弄的、卑視的和討厭的各種目光。「哼，這群插社學生又是到處遊蕩了。」一個老太婆像防賊似的快手收了門前的一攤番薯乾，不過也可能是快下雨吧。

小蒙加緊腳步跟上，他彷彿好像看見幾雙眼睛追隨著他。「嘿，七個光頭和尚！」「看那第七個是那白毛女，哈變成了光頭仔。」「哪一個？」「嘿嘿！那最矮的！」幾個到公社上學的「中學生」吱吱喳喳地說著。

在這一片聲音的護送中，他們終於來到公社的會堂。會場上那嘈雜的聲浪一浪高似一浪，小蒙耳朵像塞滿了棉花，腦袋裡像塞滿了亂麻，他只知道糊糊塗塗地跟著亞祥望著他那比自己高一頭的不倫不類的腦袋在走。

會場上到處都是黑壓壓的一片，只有那七個醒目黃白色的腦袋在黑色的一片中排成了整整齊齊的一例。有的六八年的新知青用不可理解的目光在望著他們，那些女孩子指著他們吃吃地笑，他們的老同學熱情地招呼他們。

小蒙從脖子紅到耳根，他只覺得出奇地熱，那黃豆的汗暢通無阻地從額上不斷往下流，他彷彿自己坐在個大蒸籠裡。四面的眼睛像針一樣刺著，在朦朧中他又像看見了亞嬋含著淚花的眼睛，一會又變作他去世媽媽的那雙慈愛的眼睛，一會兒又是那含著惡毒嘲笑的眼睛。

忽然他覺得涼快不少，一陣陣稀稀落落的掌聲把他從迷糊中驚醒，原來報告已經結束。現在分組討論，他好像聽說知青慰問團來調查，可以什麼困難的情況可以向他們反映。

火鳳凰

一個老頭子來到他們的小組，傻綿和李像唱雙簧似的在發言：

「公社和生產隊『非常』關心我們，我們感覺很好，主要困難的事實是……這個……嘿，最好是幫我們討個老婆……」

哈哈！一陣激烈的哄笑聲在會場中突然爆發，亞祥笑得更直不起身子。各組的眼睛都圍著這七個「和尚」打轉，小蒙只見那老頭的黃瓜臉像抽筋似的歪斜的，那青蛙般的嘴巴咧開著，露出了似笑非笑的「笑容」，那黃豆大的眼睛閃動著看不出的怒意。幸好散會了，不然在這可怕的難堪中假如地面裂開縫，小蒙也會鑽進去的。小蒙隨著洶湧的人流到了街上，他低著頭亂走，轉眼便不見了他們的一夥，他連忙四處張望，隨後又跟上。

「噹，噹！」放學了，一群頑皮的學生像出籠的野馬似的衝出來，迎面碰見了散會的小蒙等，他們十分高興地有了一些惡作劇的對象。「來看，七個禿頭佬！」「第七個是個白毛女！」「那個矮和尚！」「那就是我們村『白毛女』的老公。」小蒙認得其中有一兩個是他們村的孩子，其中一個比他們其餘的都勇敢，因為他比小蒙高半個頭，他伸手向小蒙光禿禿的頭上敲了一下，小蒙再忍不住，一個猛轉身地生平第一次舉起他的手掌向那可惡的孩子重重一擊，那孩子見不好惹，便嘻嘻哈哈四散而逃。

當小蒙的怒氣平息下來的時候，又不見了他們的一夥，要趕上他們的確很難，因為他們都是高個子，他們走一步，小蒙起碼得邁兩步。

太陽已經快下山了，那橘紅色的晚霞布滿了天空，遠遠望見亞嬋的自留地，那是該抽空去除草了。小蒙眼裡又閃動著亞嬋矮小、駝背可憐的身軀，他感到從來沒有過的空虛和惆悵，和那看不見的束縛。一群快樂的小鳥清脆地叫著，掠過那金黃色的田野，小蒙羨慕地目送著小鳥，他深深地嘆了一口氣：「唉，我為什麼不該是一隻自由的小鳥呢？」

小蒙不想繼續走了，他靠著垂柳，坐在河邊的青草地上，不知過了多久。「小蒙！小蒙！」見到亞祥找來，「你到哪兒去了？他們都回去了，我看你今天好像有點發神經。」

亞祥在小蒙身旁坐了下來，用那深度近視的凸眼睛仔細看了看小蒙：「你這傻瓜，又是發悶氣了吧，安心等待一下，我看以後會好的。」亞祥又拿出他的手本好戲，既麻醉了別人，又麻醉了自己。

「哼！等待，我等了八年了！你說我還要等到什麼時候？！」小蒙很不耐煩地反問道，亞祥抓了抓他的禿頭，半晌說不出話來。

小河在無聲地淌著，有時出現一個個的漣漪，倒映著那金紅色的天空，一大片綠色的水浮蓮用竹攔在河面上，形成一個大大的「乙」字，有幾朵頑皮的漂了出竹外面，又形成了一個大大的「？」。

「怎麼辦？」小蒙頭腦的問號似乎和水浮蓮的問號聯成一片，他的頭脹得有點發痛，他們像又聽到那讖笑聲：「哈，第七個和尚！」「第七個！」他雙手抱住那發脹的禿腦袋，深深地嘆了一口氣：「唉，揸七！」

一九七一年十二月

火鳳凰

寶齡

太陽已經偏西了，我拖著一顆像灌滿鉛的腦袋從學校裡走出來，我實在為我的幾個學生氣惱，為了摸幾個小錢的小魚小蝦，連我犧牲我的休息時間給他們義務補習也不要，竟把我的全部心血付之流水。

小巷靜靜的，農人們還未收工回來，街道上只有幾隻悠閒的雞在踱著碎步和一些懶洋洋的狗躺在各人的門口在抖動著狗蚤。不能做事的小娃在吃力地背著他們沉重的小弟小妹，在哄著他們，有的竟和他們哭作一團。

還差半小時就要動手做飯了，對於時間，我再不能像過去把它當作「區區何足掛齒」的小帳，慷慨地施捨給那經常侍候在你身邊的名叫「逍遙自在」的門下小廝了，可是對灌了鉛的腦袋來說，我還能做什麼呢？

我彈起了我的月琴，在農人的眼中看來，我與一般的瘋子差無異，我不像他們的女孩子那樣，在只有空閒的一剎那，她們亦不放過織起了她們的蝦籠，去為她們的私房攢一筆錢，可我呢，抱著那既不能吃又不能用的月琴，有時又在亂畫幾筆，糟蹋紙張，或者用自己的糧食去讓那些不是親戚的人吃一頓，總之在空餘時間裡，我的錢只有是支出，我是農人眼中最大的浪費者，好心的大嫂也不知勸了我多少次，特別當我吃著鹽油飯的時候。

可是一個人總得為他自己的愛好花費金錢，自己走自己的路，哪管別人說短長，這就是我的宗旨。

忽然不知哪裡傳來了一陣喧鬧聲，又越來越近了，簡直掩蓋了我那清脆的月琴聲，我生氣地丟下了月琴，怒視著這聲音的來源。

一群拖著鼻涕的小孩圍著一個穿著藍底白花的女人叫著「傻婆」走近了我的家門，其中有的竟然是我的學生，這群不知天高地厚的孩子在拍著手跳著笑著向她吐口水，她一回頭，孩子們又哄一聲四散了，一會兒又簇擁到她的身邊，一個三年級的學生從地面撿起了一塊石頭，忽然他發覺我盯著他的目光，不自覺地把石頭扔了，大概是看到他們的老師吧，他們的惡作劇稍微收斂了一些。

那女人用極清脆的嗓音唱著一首不成調又不清楚詞的歌曲。我越看越有點兒臉熟，一條辮子還梳得好好的，另一根卻蓬鬆地散亂地披在那瘦小的肩上，幾乎遮住半邊青白的臉，她那黑白分明的眼睛痴呆地凝視著，不過我似曾看過這雙眼睛內的明媚的秋波，她似笑非笑地咧開嘴，可以隱隱看見她那淺淺的酒窩。

她以敏捷的手法向我對門的老太婆的手裡塞了一個「銀仔」，口中喃喃地嚷著：「我不要錢，錢害死我，給你們好了……」她一個急轉身，又向我塞來了極骯髒的兩分錢。啊，天哪！這原來是我的朋友馬仔的愛人寶齡！我不知所措地拿著她的銀仔呆住了。

她用痴呆的眼光打量了我足足一分鐘，好像發現了什麼似的，尖叫著：「妳是少清的朋友，哎，我無臉見

他！……」她掩著臉號哭著，箭步飛奔，小孩們又笑鬧著向她追去。

她真的是寶齡麼？我真有點不相信自己的眼睛！我以前見過她一次，那時候，她與馬仔同來，那是他們新婚的時候。她那次穿件桃紅色的衣服，那麼嬌小，那麼苗條，臉上泛起了幸福的紅光。那時我們還取笑過馬仔，說他娶到了一個畫畫的優美的模特兒。

她愛人叫馬少清，他倆都是六四年的知青，他和我一樣，都是當教師，他還是我們美術小組的主角呢。

由於共同的興趣，我們公社的幾個愛好美術的幾個知青，不知不覺地形成了一個美術小組，這裡面有馬仔、小蒙及一個外號叫「浪漫」的男子性格的姑娘，他們都喜歡到我家來，因為我是他們中間的唯一的「有產者」。因為我有一間祖傳的祖屋，為了遷就我們兩個做老師的起見，我們的活動時間都在星期天。

每逢我們活動的日子裡，我們有時攜帶我們自己的作品和能搜集到的一些名畫，互相交換，互相評價。我們以初生之犢之勢「評論」著蒙娜麗莎修女式沉默，歎讚她的微笑……。

小蒙歡喜雕泥塑，因為他在生產印瓦，整天都和泥土打交道。馬仔和浪漫歡喜油畫，我卻歡喜圖畫，我歡喜它的簡便、成本低廉。

我們不單談畫，我們還談到生活，記得我們有一次討論到誰最幸福的話題，我們卻一致認為馬仔比我們都幸福。第一，他的愛好比我們有用武之地，他被學校領導看中了，經常叫他畫宣傳畫；第二，他已經成了家，有個漂亮的，願意

跟他一塊捱苦的愛人。這是不容易的，因為很多知青不願意結婚，自己都養不活還談不上什麼生兒育女。他們說其次幸福的就是我了，因為我比他們年紀小，思想比他們單純，不知道為前程苦惱，還有房呢。不過，我始終在懷疑著我是否有自己的「幸福」。我總以為下鄉不會是一輩子的事，只好像是一次農忙，很快就會回廣州的家。我遺傳了父親的樂天派，總相信不會一輩子待在農村。

由於生活的折磨吧，我們的美術小組的活動日越來越少了，大家都為自己的生活勞碌奔波，各人都出現了自己新的煩惱。首先是馬仔的缺席，我取笑他被老婆拖住了後腳，可是小蒙卻為他辯護，還有點神祕地說他愛人好像出了事呢，那時我還很天真地對小蒙說，如果愛情不能促進事業的話，那麼我就一輩子不結婚。

想到馬仔，他就像地底鑽出來似的出現在我的臉前，他眼睛現出紅絲，氣急敗壞地問我：「妳見到寶齡嗎？」他上氣不接下氣地喘著，他比以前瘦得多了。焦急使他的臉上增添了幾條皺紋，滿臉黑扎扎的鬍子，我從來沒有見過他像今天那樣可怕。

「啊，她去了那邊？」我不知所措地回答。好容易馬仔才恢復了他的鎮靜。他喘過一口氣對我說：「寶齡她瘋了，每天她總尋找自殺的機會，真糟糕！一看她不緊，她又不知瘋到哪裡去了，這些日子，我幾乎是夜不成眠地看管著她，我總怕她有個三長兩短。」

我吃驚地凝視著他說：「那麼我們一塊去找她吧。」於是我們邁起了急促的腳步，向她走的方向追去。她為什麼會瘋的？我好奇地追問。「唉」馬仔長嘆一聲告訴我，她爸爸

死在幹校了，她陪著媽媽領回了爸爸的骨灰。都怪我照顧她不夠，她體質弱，回來就流產了。家裡沒頓好吃的，我們還欠生產隊的錢，我也不會像有些人偷雞摸狗搞點吃的給她好好補一補，不知怎的，她明明好端端的卻轉眼變成了瘋瘋癲癲的。

我真不知說什麼好，也不知怎樣安慰馬仔。那時我父母都一樣去了五七幹部學校，其實每天給人批鬥，自己寫檢查材料，還要做很多重體力勞動。難為這些年上半百的知識分子去做苦工，很多人都被拖垮了。我見過爸爸搬磚後回家，赤著膊搭一條髒布，滿臉是灰，誰想到是個高級工程師？媽媽也去了別的幹校，他們的薪水都扣掉了三分之二。政府說要勞動改造知識分子，那時父母都沒錢資助我們去了務農的孩子，他們自己都分別在困境之中。

我陪著馬仔跑了許多路，還是找不到寶齡。不知多久，馬仔只尋回寶齡一隻拖鞋。那時失蹤了一個知青也算不了什麼。很多知青去了偷渡香港，也有死在山裡海裡的，有的回了廣州不願再回生產隊，所以生產隊也不會去派人找尋。人們相信傻婆寶齡不知死在哪裡了，只是馬仔相信有一天寶齡還會回來，他一等就是幾十年，始終也沒有再娶。

火鳳凰

天亮之前

　　「天怎麼還未亮？」我睜開眼睛，又望到了那皎潔的月明像銀盤似的。掛在那藍黑色的天幕上，一切也還是那樣的安逸。

　　我在床上輾轉不安地躺著，因為明天，我的好朋友愛妮將要出嫁了。她請我按本村古老的習慣，送她出村子。我生怕誤了時間，使她難堪，因為我只是她唯一的伴娘啊！

　　我一個轉身，又矇矇矓矓地睡去，我好像自己站在一條洶湧奔騰的大江旁邊。大海咆哮著，捲著吐著白沫的浪花向著黑沉沉的岩石砸過去。大江裡漂著無數的人，有的用盡全身力氣在洶浪中掙扎著搏鬥著，有的抓住漂過來的稻草似的竹杆，露出滿足的笑容，喝著大江給他們滾來的一口又一口的迷湯，有的若無其事地浮在水面上隨波逐流，有的卻在慢慢地下沉著，下沉著……

　　忽然愛妮的媽媽披頭散髮，臉又黃又青，拖著那腫成水桶般的腳，氣急敗壞地走來了，（我忘記她是生乳癌死了的。）她一把拖著我顫聲說：「愛妮要淹死了！快拉她一把！」

　　我向江面一看，只見愛妮露著淒慘的笑容，被另一個人拉著，正在慢慢地下沉。我哭了，大聲呼喚著她的名字，朝著大江跑去，可愛妮不理我，忽然一個浪頭打來，她伸出一

隻以示再見的手……「愛妮！」我起勁地叫著她，猛一下子醒了過來。啊，枕頭還濕了一大塊，我原來做了一個惡夢。

那明媚的月亮正把她那銀白色的光芒從窗外照到我的臉上，有幾隻秋蟬喃喃地低唱著，一陣涼爽的秋風吹過來，在窗臺上招呼我一聲，又匆匆地去了。

我細細地回味著剛才的惡夢，再睡不著了。

其實愛妮的婚禮，是使我感到很突然，記得那天吃完晚飯，我打開學生們的骯髒亂七八糟的試卷，在油燈下吃力地改著。愛妮靜靜地推門進來了，為了應付這陣學生考試，我忙得有十天八天沒見過她了。

十幾天不見，她瘦多了，下巴尖尖的，臉上淡淡地還有一層紅暈，眼睛有點異常的光彩。我拉著她的手，我倆坐在床邊，她平靜地對我說：「告訴妳，我快結婚了。」

「什麼？結婚？」我驚訝得半天說不出話來，我是愛妮唯一的最知心的朋友，我從來也未見過她有什麼男朋友，就算連普通的通信也沒有，她不愛多說話，可是每逢我興高采烈地或者滿懷希望地談論什麼理想、什麼人生的時候，她都微笑著表示贊同。她有時亦和我談起她的理想，我知道她很愛英文，她渴望當一個英文教師，我瞭解她嫻淑、耐心的個性，那柔和的聲調，我亦相信她能夠當一個好的英文教師。

她用那深沉有點責備的眼神望著我的驚訝的眼睛，我知道她在說：「妳怎麼不瞭解我的心情呢？」

「妳知道，自從那件事發生後，我孤單得可怕，人們都用不懷好意的眼光看我，我又不敢多找妳，我怕他們說妳站不穩立場，以前我還可以倒在娘的懷裡哭，或者還可以發脾氣，可是她……，現在再不能聽我訴說了！爸爸和哥哥又不

瞭解我，夜裡，我悄悄地躲在被窩裡哭了又哭，唉，要是我娘能聽見就好了，要是她有鬼魂的話也該看看我呀！」

「這些日子，三姑說媒來了，妳知道，咱家疏散回鄉以後，三姑是咱家的親戚，我開始不太理會，我最不喜歡農村還是老一套，相睇之後就擇檳榔（訂婚）再擇吉日就過門。結了婚還不知新郎的脾氣，不過三姑不愧是說媒的老手，而且我處境妳也知道，她說，愛妮，妳也不小了，浮齡也有二十四，在我們村也算得是老姑娘，再遲幾年真是打起燈籠也難挑了，不為妳想想也得為妳爸爸、哥哥著想。妳們三人老是守著也不是個辦法，要是妳找個有錢的，要回一筆禮金，那還可以到客家村給妳哥找個便宜的媳婦……」

「我心有點動了，妳知道，我做夢也想離開這地方啊。可是招工、抽調什麼也輪不到我的份了，我真羨慕妳，妳說我不走這條路又有哪條路可走？！我軟弱，我膽小，對生活我可沒有鬥爭勇氣，妳說我還有什麼辦法呢？我便答應了三姑。」

「沒幾天，三姑給我說了個南村的青年，模樣過得去，高中畢業的，成分不錯，他哥還是公社幹部。我知道妳準會反對，可是嫁個知青連房子也沒有，我又不能依靠爸爸，哪還說得上幫助哥哥呢？其實我也想過，當個農家媳婦，每天是開工，做飯帶孩子，一天忙個團團轉，但是死馬也只能當活馬治了，妳說我還有什麼辦法想呢？那人還算同情知青的，於是我便和他登記了，見妳這幾天忙得很，也沒告訴妳。」

看看愛妮有點紅的眼睛，我不覺嘆了一口氣。

她的心情我是知道的，自她媽媽死後，生活的重擔便落在她身上，她哥哥像個木頭人，不吭聲也不愛幹活。每天她就是煮飯、種自留地、餵豬、挑水和洗衣，一直忙到幾乎深夜，她去開會就少了。上月開了一個批判她的批判大會，目的就是針對她少來開會，同時她為人清高，不愛說話，村子裡的人都說她瞧不起貧下中農，我當時認為開這樣鬥爭式的批判大會是不符合黨的政策的，可是我也沒什麼辦法。

　　從此以後她更消沉了，誰知她竟是選擇了這樣一條路！一個女子，要是結了婚，得不到丈夫的幫助，從此她的事業心，她的青春，她的理想，她的前途將會被葬送於繁重的家務事中了，何況我還期望她當一個英語教師呢！（可能我的想法不切合實際。）

　　「三姑說他家也較富裕，房子也是新的，村子裡的勞動力還有一元一天呢！他人品看來也不錯，在村裡還是當輔導員呢。我想嫁過去，是會比這裡幸福的，反正也是有個歸宿，他成分好，那我也不會受閒氣，受了委屈，還有一個人能心痛我，安慰我。」

　　她兩眼更紅了，眼睛還露出點幸福的光芒，她沉醉在幻想的幸福中了，這個時候，我還能說什麼呢？何況已經領了結婚證，生米已經煮成了熟飯，我只有低聲地說：「祝妳幸福！」

　　誰知過不了幾天，愛妮又找我來了，她的臉更尖了，眼睛裡還似乎含著晶瑩的淚花。她看見我，二話沒說就塞給我一封信。「妳看！」她的眼淚就從她那秀麗，細長的眼睛裡直冒。我把信攤開，就看見了令我氣憤的幾句。

火鳳凰

「我和妳的事，我們村都傳開了，妳的成分問題，給我帶來了許多不利，可是妳聰明、漂亮，我才愛妳，可憐妳，甚至犧牲了我的地位，可是妳……，我真後悔我不聽同學的話，找個農村姑娘，雖然沒有那麼靈巧，可也是老實，還可頂個全勞動力……

「我家正攢著錢，將來再建一座房子，便可與我哥分家，妳還何苦要這幾套新衣服呢？……」

「哼，這個人完全像對乞丐似的施捨愛情，而且還有一股很濃的農民意識哪。」我心這樣想，而又在臉上流露出來了。

愛妮用淚汪汪的眼睛望了望我氣憤的臉，抽泣著說：「妳不知道，我們登記以後，他就和我到廣州買結婚用品去了，他便擺出丈夫的架子來和我訂了約法三章，他說第一，妳嫁過門來常言說入鄉隨俗，衣著打扮要和我們農家媳婦一樣，第二，我們農鄉的都要知慳識儉種自留地、餵豬。每天負責擔我們全家用水，不要多回娘家，以免耽誤工作，第三，不能與你們的知青多來往，我也是十分同情你們知青的，但是妳要是結了婚，就要以家為主，妳吃了人家又不好，一大群來我家，我家可沒有這麼多糧食招待。又影響出勤，妳要知道一個月少一元幾角，我們說來，可是個大損失。」

「聽了他的話，我有點生氣，我想嫁你又不是賣給你，還未結婚就端起個樣子來了，我是為了尋找幸福才結婚的，難道我又跌進個火坑裡嗎？」

「我們在廣州走了幾天，結果什麼都沒買，只買了一張被單，他老是嫌這嫌那，跑一天累得要命。結果他才從內衣

的兜掏出幾張破鈔票，給我們買了幾個饅頭，他說他少吃麵食，現在在廣州可要多吃一點，我央他給我剪些花布，妳知道，農村出嫁的閨女，沒多件衣服，那些三姑六婆都會說是搞了不正當的關係才急急忙忙出嫁的，誰知他又搬出他的那一套：『我可憐妳，才決意娶妳的，妳為什麼提出這樣、那樣使我難做呢？』原來三姑告訴我他娘本來不同意這門親事，後來他聽說知青開通，結婚不太用錢，我的勞動力又不差，一下子撿個便宜媳婦，他才樂意呢。在廣州那幾天，我滿肚子不高興，我真後悔，這麼快就和他登了記。我實在不瞭解他，他一點也不體諒我，他只會把我當作勞動力，他只會把我看成工具，他只是為了能建新屋，他其實是看不起我，他……他哪是在愛我呀！瞧他這封信！」

愛妮索性伏在桌子上大哭了起來。

「我看妳現在後悔也不遲，妳看這信，他不會是真的後悔，他是憑了登了記這一點在威脅妳哪，為了幾件衣服，我看他更厲害的話都可能說得出來。」

「那我怎麼辦呢？能撤回結婚證嗎？」愛妮問。

「那要看妳的態度了，我沒有經歷過什麼愛情，也暫時不知道怎樣去幫忙妳，不過我想，真正的愛情，必須相互敬愛，凡是施捨得來的愛情，我相信是不會長久的，我想妳處理著自己的終身大事，未免太輕率了吧，妳早就該和我商量一下呀！」

愛妮擦著她那有點紅腫的眼睛，顫聲地說：「都怪我太天真，太自卑了，一時瞎了眼睛，我只想早日離開這裡，誰知道，離開了這裡以後也會更壞的呢？現在生米已煮成熟米，我哪有臉見人呢？」

火鳳凰

我真不知道怎樣安慰她，我只好默默地說：「愛妮，妳一錯不能再錯了，無論妳這次的如何丟臉子，亦要挽回這個錯，否則這樣的結合，會使妳後悔一輩子！」

　　愛妮走了以後，我心裡一直在惦記著她，我不忍看著一個在英語方面有所造就的人從此就變成一個地道的農婦，在那簡單、機械、繁重和原始的勞動中葬送著她的青春……。

　　好容易我從煩瑣的事務中脫身，抽了個空，我來到了愛妮的家，我推開了那半掩著破爛的門，從耀眼的陽光中到了她那黑暗的家，我只看到那三張床間的窄小的空隙裡，動著一個藍色的背影，當我眼睛習慣了黑暗以後，我看見了她正在無精打采地在收拾著一疊英語課本。

　　「把這些都給妳罷，我這輩子再不可能有什麼造就了，不過學了這些對我又有什麼用呢？妳不同我，我希望妳走另一條路。」愛妮把一疊英文書塞在我的手裡，一口氣地說。

　　「怎麼啦，妳真的決定結婚？」我有點生氣地問她。

　　「嗯，是這樣的，他一接到我的信就馬上來了，他向我賠不是，我便心軟了，其實都是命運，就是我的命苦，命中注定終須有，命中無時莫須求，我這輩子只有聽命就是了。」

　　「妳真糊塗！」我呆了半天，好容易衝出這一句話，這二十世紀七十年代的高中生居然用這陳舊的迷信哲學來麻醉自己，來欺騙自己來安慰自己，我只感到好像萬箭穿心，可我的處境又比她好得了多少呢？

　　「叮，叮……」鬧鐘在大聲催促著我，我匆忙梳洗以後出了大門，天還未亮，月亮依然安閒地浮掛在夜空，她無私

地給大地抹上了一層銀光，偶爾有一陣狗叫，不知誰家那勤快的農婦搶先挑水又開始了她忙碌的一天罷。

我推開了她破舊的門，一個徐娘半老的婦人在張羅著給她絞掉臉毛，是用一根白線，愛妮梳得油光滑淨的鬢上插著一朵紅絨花，那寬大的黑紗綢在滑稽地擺動著，我又馬上看到了，準備做新娘的她，她哪裡是我熟悉的她呀！

愛妮低著頭讓那婦人擺弄著，臉上又白又光，讓剃得一根汗毛沒剩，但卻顯得有點兒發青，她那烏黑的雙眉被修得只剩一條又彎又細的黑線，她那秀麗的眼睛似羞似呆地望著那地下，再看不到往日的嬌媚，她那短辮硬被紅頭繩捆在一起，活像豬尾巴似的拖在後腦，她那蓬鬆的劉海硬被頭油蠟得一條一條垂掛在前額，她穿著一套黑色的大襟衫，腳上穿個紅木屐，一切都是照著這裡的風俗。

看著眼前的愛妮，無論怎樣也不能與腦中的愛妮連在一塊，我清楚地記起了她送我的照片：那年六一節的她，那天她剛演完弓舞，她穿著綠色的連衣裙，頭髮結著兩個粉紅色的蝴蝶結，興高采烈地揮著手。

那小得可憐的圓桌上兩根紅燭在淒然地閃動著，照著紅燭下的碟子上的幾個喜餅，愛妮的父親坐在那陰暗的角落默默地望著他改變了裝束的女兒，她哥哥竟然連床也不起，索性用被子蒙著頭躺在床上，我知道她父親原是反對她這門親事。

紅燭越燒越短，那婦人催促著愛妮動身了，她父親懶懶地從抽屜裡掏出幾包鞭炮，給了我一半，於是門外零零落落地響起了一陣鞭炮聲，引起了村子裡的狗一陣亂叫，然後又慢慢寂靜了，月亮漸漸變得淡白了。

「爸爸，我去了！」愛妮撐開了她的黑傘，這是我們村的風俗，據說是遮住晦氣。

「祝妳幸福！」她爸爸從沙啞的嗓子裡勉強擠出這一句話，然後無力地倚在門口，眼睛卻有點兒濕了。

這哪像是參加婚禮，這簡直像送別青春的葬禮。

可是愛妮沒有眼淚，沒有喜悅，沒有悲傷，她像一個麻木不仁的木頭人，頭也不回地走了。她的辮子在可笑地跳動著，晨風微微地掀開她的傘子，想偷看著新娘。可她動也不動，還是一個勁地走，她恨不得馬上就離開。

我渾身不自在地伴送著她，我回頭一望她，父親弓著腰含著眼淚立在門口，任憑著那無情的秋風在玩弄著他那斑白的頭髮。我看得出愛妮是在竭力地制止著自己而裝成平靜的樣子。

天還未全亮，還灰白色的月亮在瞅著那可愛的新娘，那白茫茫的輕紗似的薄霧在籠罩著整個田野，各種不知名的小鳥在霧氣中唱起了晨曲。穿過了我們的村子，愛妮的腳步漸漸慢起來，她開始用戀戀不捨的目光回頭望著村子，力圖在能看到被那薄霧包圍著的那黃泥崗上她娘的墓。

「我回去了。」我不安地向愛妮說。因為按照風俗，我不能再往前送了。愛妮握著我的手，放在她的胸前，深情地望著我的眼睛，有點像哀求似的說：「千萬多來看我！妳再別走我這條路。」我開始看到她的眼睛裡閃動著一點點淚光，我不忍再望著她，我低著頭顫聲地重複著她父親的話：「祝妳幸福！」

我的女伴去了，她走到霧氣中去了，霧氣很快地把她吞沒得乾乾淨淨。我望著前邊的路只有白茫茫的一片，我的心裡在懷疑著自己的話，她真能獲得幸福麼？

　　太陽還未出來，我茫然地望著這茫茫的一片，我感覺到孤獨和空虛，我不由得想起李白〈行路難〉的詩句：我現在到哪裡去好呢？！秋風，你能告知我嗎？

　　她就這樣嫁到十多公里外的村子去了，從此，我就失去了一個談得來的好朋友——愛妮。

火鳳凰

怒海浮沉

金樽清酒鬥十千，玉盤珍羞直萬錢。
停杯投箸不能食，拔劍四顧心茫然。
欲渡黃河冰塞川，將登太行雪滿山。
閒來垂釣碧溪上，忽復乘舟夢日邊。
行路難！行路難！多岐路，今安在？
長風破浪會有時，直掛雲帆濟滄海。

　　在東莞當知青的時候，我最愛李白這首詩。我覺得心如同感，更甚的是在面前根本沒有出路可讓我挑的。要是我是一隻小鳥，一條魚，哪怕是隻小老鼠，我喜歡哪裡就可以飛那裡，游到那，鑽去那裡。為什麼我是一個人卻不能選擇我的職業，我的住所，就是回家探親還要央求隊裡開個證？為什麼我還要小心管住自己的嘴，說錯了還會大禍臨頭？我從小是一流的學霸，怎會是求學無門？對自由的嚮往，對自由的渴望一天天在我的心中膨脹，直到一發不可收拾。我希望著：長風破浪會有時，直掛雲帆濟滄海。總會有改變命運的一天。

　　這時聽到有的同學偷渡去了香港，有的從香港再去了美國，雖然大家的機遇不同，可總比任人擺布強多了。可是我能這樣做嗎？有這個念頭真連自己也感到吃驚。說得好聽偷

渡是非法探親，嚴厲說的是叛國投敵，是要入獄的罪。我從小到大都是乖乖女一名，從來遵從律法不會偷越雷池半步。同時我在香港舉目無親，就算到了如何生存也是個問題。那時候沒有電視，我更守規矩也從來沒有偷聽過香港電臺，我根本想像不到香港的樣子，也許會像這裡報紙上所說的，是富人的天堂，窮人的地獄，可是沒有比現在過得像坐牢一樣更糟糕了，招工，念書，結婚……條條都是絕路，生不如死，要是不是趁著年輕為了自由去闖一下，怎樣對得起自己一生？下這個決心實在不容易，不要說旅途艱險，翻山涉水，要面對勇猛的邊防軍和凶狠狼狗，還要游過那滔滔的大海和避過那凶惡的鯊魚，要自由就得用生命去換取。就算到了香港也會跟家裡人生離死別，再無相見的一天。（那時候根本沒有改革開放這回事，也不知道後來可以回廣州。）

決心雖然難下還需下，我對自己說，無論如何下了決心就一定要走到底，不管結局如何也不後悔，不自由毋寧死！

失敗的第一次

開始我的想法很天真，以為游泳技術好就可以游到香港，我相約同學亞慧一起練習，以我們勤奮好學的個性進步飛快。我們從像沒有什麼速度跟浮在水裡的兩個冬瓜一樣練習到後來居然可以橫渡珠江，從廣州游到石門一個來回，雖然速度和姿勢不標準，可是我們練到了耐力，這不過是督卒（偷渡）入門罷了，困難的事多著呢。

我們要準備大概六天的糧食，因為從出發點到水邊要走好幾天，除非有偽造的邊防證或有人送你到水邊。當然能有

高熱量朱古力最好，可是照我們當年的經濟條件我們只能用炒米粉和了紅糖作米團，容易攜帶。我們要準備藥品，當然防禦毒蛇的蛇咬丸是少不了。救生圈是少不了的，可是我們只能買塑膠枕頭代替，當然各施各法。對於我來說，沒有打氣泵只好自己吹氣，而且塑膠枕頭輕，較方便。雨衣和水瓶、利刀是少不了，更重要的是指南針，當時是買不到的，我們只好自己製造。我們把剃刀片剪成菱形，一邊放在磁鐵上等上了磁，中間留個小孔用圖釘固定在圓形的鉛筆刨裡，便大功告成。這些都不是困難的，最困難的是如何入局，這必須要有人幫忙。

一般偷渡到香港的除了坐船的都會走東線到深圳大小梅林山下水游到香港，這條水路很長，要游五、六個小時，也許會遇到鯊魚。西線在福田左右下水，游到三四小時到香港落馬洲附近上岸，定要避過邊防軍的凶猛的狼狗。走中線不用游泳，只需要越過鐵絲網，可是這裡是防守最嚴密的，狼狗最多，但是也可以隨時改變路線去走東線或西線。偷渡者從出發地點到邊界都不可能走山間的小路，因為都有民兵把守。偷渡者只能在晚上走，白天躲藏起來。路是自己開闢出來，逢山過山，逢水過水，披荊斬棘，由於只靠指南針，經常會出差錯，出發了就不知前路有沒有死亡陷阱，只有求上天的眷顧。

我當時在東莞茶山當知青，這裡離邊防有七十多公里，可是是不能從這裡出發，因為這裡是平原，沒有容易躲藏的地方，只要是外地人沒有攜帶證明的話都可以被捉。在東莞可以使用普通有蓋印的證明，最近邊防的寶安縣就要用有照片的邊防證，有的人買了別人的邊防證用自己的照片換了上

茶山驚夢
怒海浮沉

去，就可以通過關卡乘車到國防公路邊藏起來，等待晚上出發。對於當時的我不單沒錢也不認識可以買到邊防證的朋友。我父母的態度是不聞不問，他們心裡是支持我，可是在經濟上我得不到一絲的援助，可能當時我父母的工資除了養活我們一家以外還要資助姨母一家，姨父帶領飛機從香港起義回國卻被汙衊是特務入獄十年，我父母看見姨母一人不能養活四個兒女，所以必須幫忙。當時家中拮据，我也怕萬一連累到父親連僅有的工資也沒有了。我媽是個超級誠實的人，她叫我什麼都別告訴她，不然一經審問準會全盤托出。我覺得什麼都得靠自己。我得聯絡能幫忙的朋友，那些下放到東莞的山區和寶安縣的知青。我開始去認識卒友，混在那個圈子裡學習那些旁門左道，知道有些人非我類，但確實十分無奈。

這一次我們決定走西線從公明出發，多虧了同學的哥哥渤哥願意幫忙，他是寶安縣公明公社的知青，這些都只是憑義氣，憑友情，他什麼好處都得不到，要是被人發現了，這可是一條引渡的大罪。直到今天，我也十分感謝那些幫忙過我的朋友，這是真正的朋友啊！在我們出發前渤哥就把我們的偷渡用品事先運到了他們的住所藏起來，讓我們可以空身像探親的知青一樣在白天到他們那裡，這就安全得多了，就算給民兵搜身，也沒有罪證。

這次我的同路人是越秀，是比我大兩年的師姐。她是個知識豐富，意志堅強做事果斷的人，我們大家都有點像男孩子的脾氣，不愛打扮，一諾千金，辦事不會婆婆媽媽。她先坐火車到了茶山，我們兩人同騎一輛自行車去長安。我學會了用雙氧水洗掉了證明的墨水留下了鋼印給自己開張證明到

火鳳凰

東莞長安公社北柵探親的證明，一路上也沒有碰到查證明的，也許曬黑了的我們戴著客家的涼帽，也沒有戴眼鏡，看起來也像個村姑吧。到了長安公社那裡也有個知青朋友阿青幫忙我們繞過北柵的哨崗讓我們繼續向寶安縣公明出發。渤哥接了我們，他騎車單車在前面走，我們也騎一輛車在後面跟著，他停了下來向我示意路邊的草叢，我們把車子扔了鑽進草叢裡面去。我們的用品就已經被他預先放在草叢裡，我們耐心地等著，希望在晚上我們就可以出發了。可是天公不作美，被幾個撿柴火的小孩子發現了，他們馬上回村子報告了民兵，我們還沒有出發就這樣落網了。

　　民兵把我們囚禁在一間破房子裡，我難過得不得了，要想再逃出去也十分困難，馬上我要面對監獄，我的教師工作一定也會被剝奪，也許更會連累我的父母讓他們丟掉工作。為了保住我每個月六塊錢的人工，我得用早已準備的計畫去報流擋，這就是我冒充用一個朋友的名字（她已經成功到達香港），讓民兵把我送到東莞收容所，在這裡通常會關上一個星期到一個月，就會押送回原地，也許我能找到機會逃走。冒充別人的名字難度十分高，要通過收容所管教的審訊，他們會問你很多很具體的問題。我本來就是乖乖女一名，撒謊也會臉紅，為了實現這個計畫，在出發前我讀了很多心理學的書，撒謊時看著別人的眼睛，手也不會動來動去，我很順利通過了很多盤問。第二天民兵把我送到東莞收容所，因為我報稱地址是東莞厚街公社。越秀被送到樟木頭收容所再回轉到她插隊的地方臺山。

　　這是東莞收容所，說的這不是監獄，其實是最殘酷的監獄。因為囚禁這些犯人都不是長期性的，這裡的環境非常惡

劣，人就像牲畜一樣關起來。在不到三十平方米的小房間裡用木分成兩層，上層沒有人高，用小木梯爬上去。進門右面是個水泥造的水池，放滿水，在角落就是洗澡的地方，洗澡的時候是用木勺子盛了水向身上澆。過一點就放了兩個木桶，一個盛滿了草灰，這就是大小便的廁所，大便完了就用草灰蓋住。根本沒有什麼抽風設備，一人方便，大家就得捂上鼻子，更沒有什麼隱私可言。幸虧我身材高大，沒有人敢擠我睡在馬桶邊。那時候我進去人多為患，幾乎三十個人就擠在一起，躺下來連翻身的地方也沒有，一夜寒風起，不要說有毛毯連張被子也沒有，只有與旁人摟在一起互相取暖，那密密麻麻的蝨子則叫人噁心。吃飯的時候管教把飯送到門口，門是幾條圓木柱子，飯是盛在用小扁圓的瓦盤子裡面，那麼取飯要有技巧，因為瓦盤子比柱子與柱子之間大，拿不進牢房，一定要用手把飯捂住，把飯盤豎直，從兩柱子中間把飯盤拿進來，這肯定有些飯會掉到地上，有時也會把飯全倒下地上，但是誰都會用手把地下的飯撿起來往嘴裡塞。吃飯都沒筷子，大家都用手抓。我用我的髮夾來吃飯，也比用手好。飯是沒有什麼菜，鹹菜或者是小得可憐的鹹魚乾，飯裡還有沙。我還沒有上路就被抓了上收容所，還沒挨餓，這些飯實在難嚥下，我分給那餓得要命的難友。想不到以後我竟然會為一口飯打架。

這麼多人擠在一起，根本不能走動，也沒有放風的機會。有些囚禁了多月的等到解局的那天幾乎都走不動，只能扶著別人拖著腳走。有些時候犯人需要勞動，被押著去抬大石頭，到山裡去鋤火界。不過做這些免費的勞工是男孩子居多，但總比困在牢中好，可見陽光可以走動。

火鳳凰

一天夜裡，隔壁男監倉傳出沉重的呼吸聲，幾聲淒厲惶恐大叫救命：有人昏迷不醒！可是來了個男管教看了一眼就消失了，就讓他們繼續喊叫。那沉重的呼吸聲咕的一聲停止了。整個男監倉沸騰起來，有人在敲打著木柱子門：救命！死人了！喊個不停。什麼人？女監倉有人問。「是茶山下朗的梁思遠。」我一聽不由得毛骨悚然，心裡沉重得很，他是我們生產隊的知青，我弟弟的好朋友。第二天管教們出現了，他們把男監倉的人叫出門在太陽下排成隊在曝曬，據說是消毒，在監倉裡噴消毒水，把死者抬出去便是。聽說他發高燒幾天了，也不知道得了什麼病，反正沒看過醫生。大概在收容所死個人是平常不過的事，也沒有人敢追究。

　　一個星期以後，是輪到我的解局。我跟東莞厚街的知青一起被送到公社鎮政府辦事處等生產隊派人來領人。我想不到我冒認的陳秀雲在大隊那麼有名，他們一聽見說陳秀雲被捉回來，他們就肯定我是假冒的，因為隊裡的人早已收到秀雲在香港寄來的照片，隊裡隨便派個人來一看，我這假冒的人肯定是跑不了的。公社馬上派了個高大威猛的民兵背上長槍，把我押送回東莞收容所。我們要坐一個小時多的公共汽車從厚街到莞城，到了莞城車站下車，再要走路到東莞收容所。我請求上洗手間，這民兵喝令我要速去速回，他氣勢洶洶地在門口持槍守著。我進了洗手間馬上戴上我的近視眼鏡，換上一件的確涼，這是當年流行的不會起皺的衣服（這衣服是準備到香港時穿的），把盤在頭上的辮子放下來。進入洗手間前我是個骯髒的囚犯，這時出來時是個文質彬彬的姑娘。我想這樣只有兩個可能，他認出我來，把我揪住不放的話，我會大聲喊非禮，絕不會承認我是剛剛進去的囚犯。

他認不出我來，我便逃之夭夭。我面帶微笑輕鬆地走出洗手間，睩著眼瞄一下那民兵，他傻乎乎地認不出我，我一轉身向廁所旁邊的小巷走去，離開了民兵的視線外我拚＼死狂奔，向石龍鎮跑去。幸好那時候資訊不發達，那民兵上報了走掉了疑犯隔了一天才傳到東莞各公社去捉人，真奇怪，又沒有我的名字，又沒有我的真實姓名，怎樣捉人？兩小時後我已經在石龍找到朋友借了錢買了火車票回廣州。

　　九月分開學，我又回大隊當老師。說真的，要不是在農村裡被監視和賺不到生活費，我還是挺喜歡當老師的。從這以後我每個暑假就是我的督卒旅程，我一直到第五次才到香港，說是倒楣，確是幸運！我沒有丟掉了小命，還能作一番奮鬥。

生死一線間

　　當放暑假時，籌劃的第二次行動又開始了。這次我的同路人是個非常漂亮的美女叫卿卿。別人都說她像電影《冰山上的來客》的女主角古蘭丹姆。她充滿了浪漫主義的思潮，崇拜卡門很有與當時不一般的性格，到香港去是想看看這個神祕的世界。真的，當時我們連香港是怎樣的都不知道，沒有電視也沒有偷偷地收聽香港電臺。這裡的報紙形容香港是富人的天堂，窮人的地獄。可是對於我們根本沒有什麼貧窮富裕的對比，大家生活都差不多，能吃飽飯加點小菜已經是天堂。其實我們都很簡單，像隻籠中的小鳥渴望自由的天空。

這次得到了東莞塘廈知青小毛的仗義相助，我們下了火車後遠遠地跟著他走進了小路，然後躲在樹叢草堆裡，到了晚上我們開始上路。前輩教過不能走山路，那裡駐守著民兵，我們只能逢山過山，逢水過水，靠的只是指南針。我倆都是絕食眼，我唸著黑石、白路、反光水去辨別在黑暗中的環境。大家妳給我壯膽，我給妳壯膽，用電工刀開路，穿過荊棘與叢林，可真是披荊斬棘。我們滑下山溝又爬上山坡，到處都是黑壓壓的群山，走一個晚上，腳早打泡了。白天我們躲在草叢裡睡覺，蚊子螞蟻都不算一回事，最要命的是我們有次前面是個大水塘，要是繞過去那實在太花時間了，我們決定游過去。幸好大家都是女孩子，把衣服脫精光，把氣枕吹大，把衣服捆在上面游了過去。當我們沾沾自喜以為聰明絕頂，可是一摸發現每人身上都沾著一兩條螞蝗在拚命吸血，我馬上把這鬼東西拔出來，那就是一個血洞。亞卿身手敏捷是個好搭檔，可是她根本想像不出我們走的是多麼艱辛的路！浪漫的她倒是跟我一起欣賞山上的美景，她有的詩人的情懷。那日出的壯麗，落霞的燦爛，群山的起伏，瑰麗的大自然無法叫人不讚美。有次在山澗泉水洗澡，那天然的山石像一個洗澡的大浴缸，還有不怕人的小魚圍著我團團轉。美得不可勝收，此情此景我一輩子難忘。現在要說去露營，根本不會引起我的興趣，一切美景都跟那時無法可比。

　　第二天天快亮的時候，我們急忙找個地方藏身。那是一個半山腰上，我們找個草叢密的地方，在地上鋪張塑膠布，準備休息，但還要在旁繞一圈看看，就算有人經過也不容易發現。正在這時我突然發現我的腳丫子被什麼東西狠狠一叮，一條蛇迅速地溜走。糟糕！我被蛇咬了。我馬上遵照書

茶山驚夢
怒海浮沉

上說過的方法，用毛巾在膝蓋下紮緊，再用手把毒血擠出來，跟著我馬上吃了顆蛇咬丸。這種藥是我每次行動都會帶上，但不是對付每一種蛇毒都有效，同時我根本不知道也看不清是哪一種蛇。這只能盡人事靠天命。很快我就見到傷口發黑，而且黑紫色慢慢地向上擴大。我感到全身沒有氣力，和有麻痺的感覺，就像剛剛上了麻醉藥。這時在荒山野嶺四處沒人，萬一有個三長兩短也是求救沒門。我對卿卿說，妳是救不了我，妳走吧，繼續上路。說不定白天有人上山打柴又或者有民兵會發現我。卿卿說她是不會走的，要陪著我。我在昏睡之間感到天亮了，太陽的暖意，在靜靜的群山中的草叢裡，一個人是多麼渺小。我要離開世界的話實在很遺憾，實在太年輕了，人生還沒開始，連談戀愛都是空白的，睡意越來越濃，在迷糊中感到被一片綠色纏繞著，整個人就像融化在大地之中。不知睡了多久聽見卿卿在嚶嚶地哭著。我醒過來了，問卿卿到底發生什麼事了？原來卿卿怕我永遠不會醒過來。我真感激亞卿一直在守護我不離不棄。我的腳腫起來那一團紫黑色差不多到膝蓋，那蛇毒正在蔓延。我喝了些水再吃一顆蛇咬丸，休息了一天一夜，我好像有點氣力了，那紫黑色也沒有繼續上升，在膝蓋下停止住了。天黑了，我們馬上要出發了，不走不行，我們的水喝光了。

在一路上我們要經常找水，把水壺充滿。什麼水都要喝，當然是山水清涼好喝，但是多半在山溝裡才找到。口渴了，當我們經過農田村莊時，我們連水田裡的水也喝，不管有沒有農藥。好不容易下了山，在漆黑的夜裡，前面有一片亮光。有水！有個水塘，我們高興極了，裝了兩瓶再洗洗臉，擦擦身，好不痛快。正想喝水，我突然想到不知這水裡

有沒有螞蝗？以前以為螞蝗只在田裡有，誰知水塘也有，要是不小心吞下條螞蝗可真糟糕。愛乾淨的我們開了手電筒照照水裡，看清楚沒有什麼髒東西才重新裝水。我們一邊喝水一邊吃著我們的乾糧——用炒過的米磨成粉加紅糖的米團。我正慶幸我是死裡逃生，不知什麼時候我的背發涼，已經被一隊民兵包圍了，他們的槍正指著我們的背梁。原來我亮手電筒暴露了行蹤，他們是巡邏守水庫。天哪！我又失敗被擒了。

　　我被他們又送到深圳收容所然後轉到東莞收容所石排公社，這一次我同樣報了一個已經去到了香港的知青的名字。當我被送到石排公社鎮政府辦事處的時候，公社的幹部正在打電話去給個生產隊讓他們去領回這些偷渡失敗的知青，讓我們在大堂等候，上洗手間是自由可去，民兵只是看守著大堂的門口。我繼續使用在洗手間逃脫這一招，洗手間有個窗戶，外面就是出了鎮政府辦事處的範圍。我爬出窗戶掉在外面的草地上，幸好沒有人發覺，我拚命地跑，但不知去石龍的方向，一邊跑一邊把盤在頭上的辮子放下來，戴上眼鏡，把樣子收拾得不那麼狼狽。正在這個時候，有個年輕的男子騎自行車經過，我向他問路，我說我要到石龍看病，可是可能迷路了，我的腳扭傷了，不太能走。這個小青年見義勇為說，他是要去石龍附近，可以送我一程。實在是感恩，我遇到貴人了！我坐上了自行車跟他說說笑笑很快到了石龍，幸虧我的東莞話也學得不錯，跟本地農民交談沒有問題。到了石龍，我謝謝這小青年，還誇他是個活雷鋒。我把我縫在衣領上的五塊錢人民幣取出來，幸虧沒有給收容所的管教搜出

來。我買了火車票回廣州，當暑假完了，馬上又回到小學教書去了。

絕處逢生

籌劃第三次出走真是困難重重，我的好朋友大多數已經成功到達了香港，已經找不到能願意幫助我的人了，只有找那些有合作關係的搭檔。一個女孩子有什麼方法呢？一般男的不願跟女的一起走，因為女人體力比男人差，怕被女人拖累，他們說也沒有這麼偉大替別人帶老婆。我只好努力增強自己的籌碼去成為跟別人合作的條件。我學習了把公章描畫在紫銅上，用腐蝕的方法做出了銅印章，這是我生平第一件最有用的藝術作品。那可以作為開證明去買車票，和應付民兵查證明。我首先送我的弟弟，和同宗小叔勃仔。這需要談判，我準備入局的證明和自行車，花光了所有的錢去買一輛自行車，那是沒有車牌的老鼠貨，還要偷一個車牌貼上去。實在沒辦法，我親自出馬在一個繁忙的市集偷個車牌，我心跳個不停，充滿了罪惡感，掙扎好久才動手。另一方把乾糧和氣枕先帶回出發地點，而且幫忙接車送人到山邊。我弟弟要帶和保護一個女孩子小芬。我跟小芬姊夫達成協議，我弟弟和小芬在出發前的幾天才見面認識，讓他們成為搭檔。另外一組，我給證明勃仔和越秀，他們也是出發前才大家認識，這次也多虧了朋友小毛無條件的幫忙。很幸運他們這兩組人合作很好，都從東線游過大海順利地到了香港，我才鬆了口氣去安心籌備自己的行動。

火鳳凰

第三次是三人行，走的是西線。我的搭檔是大哥明和報紙仔，用我的證明買車票到塘廈，再由他們的朋友送我們。這次的行動有點怪異。這次跟男生一起去對我來說比較困難，因為他們步子大走得快，在黑夜裡我經常跟不上。要知道我們要背多重的背囊：有雨衣，氣枕，六天的乾糧，水壺，繩子，電工刀，藥品，用來墊地墊塑膠布。在女生就是氣力不濟，在不方便的日子裡就更加糟糕。同時我們挑出發的時間一般絕不會是月圓之夜，有月亮容易被人發現。在那月黑風高的夜晚，我走得趔趔趄趄的。大哥明拖著我走，報紙仔幫我背乾糧，可是不知什麼時候，報紙仔失蹤了。我們找了很久都找不到他，我們只有繼續上路。那最要命的是我丟了乾糧。大哥明很慷慨地分他的給我，可是實在是不夠，還不知要走多少天？因為經常由於指南針失靈了而不被發覺，還要找找北斗星來辨別方向，或者看看樹幹哪一面是生滿青苔的是南面。大哥明說我們必須留著糧食在下水之前吃，不然下了水就沒有力氣。我們開始絕食了，第一、二天我覺得餓得發慌，胃十分難受，可是第三天就沒有感覺，我拚命喝水，更沒力氣，有點頭昏眼花冒虛汗。我真十分後悔，是絕對不能讓別人幫忙背乾糧的，我一直都是這麼獨立，什麼要依賴別人？我警惕自己以後不要再犯錯。我想，要是糧食不夠，不能支持下去，必須讓大哥明先走，我得投降，不然準會餓死在山上。

　　第四天我們爬上了最高的山頭，我們看到香港了！只隔一道海，又光又亮，朝著燈光走，絕對不會迷失方向。可是我快要餓昏了。正在這時，我看見前面草叢有個黑影一動一動的，我們藏起來仔細看，這不像是民兵。是見鬼了？有朋

茶山驚夢
怒海浮沉

友會問我在這時會不會怕鬼？我說從來不怕，只怕遇見人！就是穿過墳地，不小心踩到了骷髏骨頭，我會默默道歉一聲。人不犯鬼，鬼不犯人，我又沒有做過虧心事，為什麼要怕鬼？可是要遇到人，多半是軍人或者是民兵，那麼更倒楣會被擒，更要受牢獄之災。看看這個黑影有點熟悉，我輕輕叫聲報紙仔，果然是他！我們真是喜出望外，真是天助我也！哪有失散了三天在這荒野山頭我們還能重遇，幸虧他沒有丟掉那多餘的乾糧，我們美美地吃飽一頓，睡覺直到天黑，我們開始下山，我真感謝上天的保佑，想不到居然絕處逢生，還以為這次定能成功！誰知空歡喜一場。

　　下山我們走了很久，繞過村莊，看到了國防公路，我們看見四面無人一衝而過到了海邊。糟糕！這時間是退潮時間，不能游泳，腳底是爛泥而且在一大片防潮藜，那是長著像玫瑰莖上有刺的小樹，那些刺會勾住衣服和褲子，所以我們向前走一步都十分慢。這時大概已是半夜了，要是繼續向前走在天亮還不能到香港的話，潮水一漲，我們就會被人發現束手就擒，如何是好？我和大哥明爭論起來，他主張退回國防公路後面躲起來，等明天晚上有足夠的時間再下水。我主張繼續向前去賭一下命運，因為回頭被捕的機會跟向前走被捕是相等，為何不搏一搏？但報紙仔同意大哥明的意見，無可奈何我服從大家意見，我們就退回國防公路。誰知一靠近國防公路我們就被邊防軍包圍了，還有可怕的大狼狗。大家分別被五花大綁捆了起來，天一亮，軍人就把我們兩人一組串起來，這晚上被抓的人數眾多，大家就像被捆的一串螃蟹，送到深圳收容所。

照慣例從深圳收容所我又被送到樟木頭收容所。經過這幾天的爬山涉水挨餓，我的體力已盡，腳趾頭都變得瘀黑，後來腳指甲都掉了，滿腳是水泡，眼睛得了結膜炎紅紅的，走起路來一拐一拐的。我也沒有報別人的名字，弟弟去了香港，我也不擔心丟了教席，做回了自己，報了自己的真名。上兩次用了假名字，我不敢多跟別人交談，怕穿崩，露出馬腳，被人拆穿。這次我可沒有這種負擔。其實收容所是個大學校，大家都會交流經驗，我也遇到有些朋友，才知道大家是同道中人，可能以後有合作機會，因為我們一般不會向沒有偷渡意識的人講這些事，大家都要保密。在這裡可以看到被狼狗咬得傷痕累累的，在海上漂流幾天幾夜的，樣子變成像黑啡色乾柴似的，還有摔傷斷骨的，不過這些人都沒有治療的機會。我比較喜歡接近客家村姑，為了學習客家話，在邊界給民兵查問時可以對答如流，讓他們以為我是本地的知青，不會容易要看證明。後來我甚至連客家山歌都會唱。

　　這天可能我樣子太殘，又有紅眼病，別人都趕出去勞動，我和另一個女孩子被留在監倉裡，她叫亞華也患了紅眼症。我們大家就聊起來，她父親是個畫家，我們從畫畫聊到古詩，一起嘗試背誦能記得的詩句，從李清照到李白……想不到這次最大的收穫居然是認識人生一知音知己，我們交換了住址，出了獄我就到她家學畫畫，大家成為好友。幾十年後她居溫哥華，我在西雅圖，大家還可以談詩論畫。

東山再起

送回到生產隊後，開除教席已經是意料中事。很快就要開批鬥大會，受一輪的謾罵侮辱看來逃不掉。那天治保主任通知下午開鬥爭大會，特意留了前排座位給我。開會時先是鬥地富反壞右，民兵讓這些人戴上高白色紙帽子，跪下來，民兵就按著他們的頭大聲喊口號批鬥。我看看我坐的這一排都是投港賣國壞分子，我看不好，很快就會輪到我上場。我偷偷溜出去跑到公社衛生院看醫生，說肚子很痛又瀉又吐，醫生給我開了半天的假單，等我回去生產隊，批鬥大會已經完成了。治保主任找到我，責問我為什麼逃避鬥爭大會？我可憐兮兮地說我突然肚子痛看醫生去了，要是你早說要我上臺挨鬥的話，我痛死也不敢走掉。他又好笑又好氣，結果不了了之，讓我寫檢討算了。

這時對政府對知青的策略有的改變，可以申請回城。我妹妹是姑母繼女去照顧繼母，我以疾病的理由申請回了廣州，我期待著一份工作或者上大學，可是希望就像肥皂泡一個個爆破。我妹妹好容易得到個工作機會當泥水工幫建築工人運送水泥，可是在三樓過窄小的天橋板時摔了下來，斷掉了鎖骨，又被醫院打針感染綠膿桿菌，腰背膿腫久久不癒。看到她的情境真令人痛心，面對還是看不到希望的生活，我決定東山再起，與命運搏鬥。

這次行動入局順利，大哥明的一個住在東莞塘頭廈的農民朋友偉強跟我們一塊上路。帶我們的用品進去完全沒有問題，我只是負責買到塘廈的車票就可以了，而且我們在第一晚偉強還能帶路，他熟悉當地環境。爬山涉水對於一個農村

長大的強壯青年完全沒有難度，一路上他也很照顧我。我們在第五天初夜我們已經過了國防公路下了海，這天是漲潮，我們游了三四個小時左右上了岸。在我們前面有幾間魚寮，裡面有光線從裡面透出來，魚寮後面就有條公路。大家都很高興，我們終於到了！大哥明說我們不用再走了，他父母是香港居民，只要打個電話，家裡就馬上會來接我們。於是他就走向前去敲門，可是說時遲那時快，大門一開，二話不說，幾個壯漢拿著大棍子向我們劈頭劈腦追打過來，大哥明和偉強拔腳拚命地跑，我閃在後面躲在田地裡，希望他們離開以後找個機會逃脫。可是很快這些人鬧嚷嚷地轉回來，我聽見有人氣憤地說讓偷渡犯跑掉了！又有人說還有一個女的，相信她跑不遠。他們就沿著附近搜索。我被他們找出來了，他們一見我也是用棍子亂打，把怒氣出在我身上，我馬上不敢動，他們以為我暈了才停止下來。我被他們押著走，當我看到有條深溝突然跳下去，可是跑不動，原來是爛泥溝，我的腿被泥土困住了。我聽到有人惡狠狠地作開槍狀說：「還敢跑！打死妳！」我情緒失控了，大喊大叫起來：「開槍呀！打死我吧！我不想回去了！」他們捉我起來，用鎖鍊鎖著我在他們的床邊，我邊哭邊罵，把嗓子都哭啞了，像瘋了似的。我幻想著，大哥明和偉強會回來救我，這些只能是個夢罷了，好容易得到自由，他們還會自投羅網嗎？我有點氣怒覺得他們不講義氣，不過記起了這首詩：「愛情尤可貴，生命價更高，願為自由故，兩者皆可拋」。我終於放下釋懷了。

後來聽說捉我這些人是漁民，能自由出入大陸香港兩地，要是他們幫忙把偷渡客送回大陸，他們會得到獎賞。天

還沒亮，他們就把我沿著田中的小路把我押送到邊防軍的軍營。我努力觀察四周，從這裡過對岸完全不用涉水。幾個軍人嘻嘻哈哈地把我關進水泥造的狼狗屋裡去。我彎著腰坐在黑漆漆的狗洞裡，氣味實在難聞，蚊子圍繞著亂飛。我乾脆躺了下來，折騰了一整夜，連掙扎的氣力都沒有。我記得小學時唸過一首詩：「我渴望著自由，但我深知道，人的軀體怎能從狗洞裡爬出？我寧願跟這活棺材一起燒掉，讓我在烈火中得到永生！」我仔細想想，把自己當個人，有自由有尊嚴，那肯定不能活下去，像這個烈士。可是忍得所有的屈辱，就是不要把自己當一個人，也許當是個畜牲，這就是求生，活著！我不知被關了多久，也沒有飯吃，軍人叫我爬出來戴上了手銬把我送到深圳收容所去。

這一次挫敗的感覺使我好像墮入了深淵，一次又一次的失敗，使我心情久久不能平復，勇氣？我還有勇氣嗎？我在問自己，我的朋友幾乎都到了香港，我幾乎連一個能商量的都沒有。為了鎮定自己我居然唱起歌來，忘記了身在收容所。誰在唱歌？坐牢都這麼開心！一個女管教凶狠地罵著衝進牢房，給我啪啪兩耳光，再加幾棍子。我呆呆地看著她，本來這女管教有一張精緻的臉，經常發怒發狠目露凶光把這張臉弄得像女巫似的，值得嗎？她打我就像打在一塊木頭一樣，麻木不仁不聲不響的，終於她氣沖沖地走了。我見過多少管教，就算有漂亮的輪廓，面貌都變得猙獰。

這次我被送回廣州黃華收容所，因為我的戶口已經轉到廣州。收容所裡的不是清一色的偷渡客，那些妓女，小偷，流浪者都關一起準備送回原地。我由於心情不好，幾乎吃不下飯，有點呆。馬上就有隻手從我的盤子抓飯來吃，我可不

是好欺負的！什麼優雅斯文、師道尊嚴通通拋在一邊，打架！我生平第一次狠狠地打架！為了活著求生，我變得有點不認識自己。出獄回家以後我純粹是個無業遊民，幸虧有亞華這個好朋友，每天一起畫國畫，唸唸唐詩，她也失敗了好幾次，大家互相鼓勵。她的家人也很喜歡我，我慢慢地重新振作起來，我這人實在是倔強得很，下了決心達不到目標死不休。我再次籌劃第五次行動。

終到彼岸

當我與亞茵商量，大家不謀而合。亞茵是個美女，嬌美的身段卻藏有一顆堅毅的決心，她也是失敗多次，而且有次行動晚上從山上摔下來，跌斷了鎖骨，我佩服她的堅強和勇氣，決定大家合作攜手並肩再為自由生存而戰。當然操練自己的身體也是非常重要，除了不斷練習游泳，來回游過石龍的東江河，我在廣州還每天都到越秀山來回登上百步梯來練習腿力，這上面有孫中山遺囑紀念碑，寫著革命尚未成功，同志仍須努力。對我來說也是個鼓勵。來這裡鍛鍊的幾乎都是同道中人，每天一大清早，多少青年人在這裡來回蹬百步梯，作苦苦的鍛鍊。

我們這次是四人同行，除了我和亞茵以外還有兩個年輕的姑娘要跟我們一起走，她們都是第一次上路，其中一人是塘廈的村姑，她願意幫忙我們入局，也想請我們帶路，她們相信我們挺有經驗。亞茵身手敏捷，是開路先鋒，她拿著電工刀劈荊斬棘，比男子還強。這兩個女仔小心眼，怕我們拋

茶山驚夢
怒海浮沉

開她們，故意走在我倆中間，我只有當後衛和參謀。也許走了多次，我好像有點熟悉了山頭，很快接近了邊界。雖然這次天氣十分不好，整天下雨，這幾天的行程我們行在雨中，睡在雨中。身上的皮膚都打褶了。但這次如有神助，也好像有第六感覺。有次我們下山時，石頭好像很滑，一蹬腳，石頭很鬆向下掉。我說大家都不要走了，原地睡覺，等天亮決定怎麼樣。剛剛天亮，我們發現在斷崖之上，要是繼續走，定會滑下山崖死定了。趁著天矇矇亮，民兵沒有這麼快上山，我們可以看到路，可以走得快。又有一次，前面就是最高山，一上去就可以看到香港，可是我這時覺得突然心發慌，牙齒打顫，覺得上山有危險，我說暫時不要上去，就在山腰上宿營。果然第二天我們就看見民兵帶了狗在山上搜索，還看到有些人被逮了。說起迷信，我們這些卒友都會有求神拜佛，燒香問卦的，我也能背誦觀音救苦救難經，在危急關頭默唸，不管有效沒有，卻比求救沒門好，心中有個依傍，增強自信心和毅力。

當我們到了國防公路前面的小山崗，躲起來仔細看，大海平靜無波，我甚至認得出上次被人逮捕的魚寮，香港就在那燈火燦爛處。我選擇下水的地方離那些魚寮比較遠，也許較安全。我對另外跟著我們的女孩子說，我們要分手而行，因為四個人的目標太大了，容易被人發現。前面就是香港，絕對不會迷路了。她們千謝萬謝說到了香港請喝茶，後來我們都到了香港，她們的諾言都沒有實現，幾十年都沒有見過面。我們下海之前是大片蠔田，也是退了水。通過蠔田我們的雙腿都被劃破得血淋淋的，可是我們當時卻沒有痛的感覺，過了蠔田就開始游泳。在西線的海很平靜，不是那麼浪

火鳳凰

急風高。有時游泳，有時能在水中走。我們很少用上氣枕，只用來歇息。這裡是鹹淡水交界吧，蝦子完全不怕人，在水中有的居然鑽到衣服裡來了，用手一摸捉一隻放在嘴裡，挺好吃的。我們花了大約六個小時上了岸，穿過農田和魚塘，我們到了香港的馬路。我們終於到了！我當時卻沒有歡喜若狂的感覺，因為是到了另一個世界，舉目無親，不知什麼遭遇在等著我，又是另外的一個冒險開始，當時只是一片迷迷惘惘，不知何去何從。

我們在公路上走著，還不知道該怎麼辦？一輛香港員警車就停在面前。我腳一軟，跌倒了。我還沒站起一抬頭就看見個黑皮鞋擦得晶亮的，穿著燙得筆直的員警制服，那風紀扣上的清潔帶笑容的臉，這員警先生有禮貌地請我們上車。我簡直呆住了，這是從來沒有過的待遇！我的印象中大陸員警是面如土色，衣不稱身，凶神惡煞，大聲吆喝。現在眼前出現的這位員警先生簡直是個男神！這第一眼的清潔、禮貌的印象，到現在還歷歷在目。員警把我們送到落馬洲差館，再送去元朗差館。我對女警的印象卻不太好。一個女警先搜身搜出了電工刀，喃喃地説，女孩子怎麼要帶刀！又搜查我的藏在衣領上的五塊錢人民幣，她看也不看就扔到垃圾桶裡去了，我請她還給我，她很不耐煩説：「香港不用人民幣」！誰不知道？但她根本不知道那時候五塊錢人民幣對我家來說是個不少數目。她給些衣服讓我們換了，我們還美美地洗個澡，她要我們拿著個牌子拍張人蛇照，那張是張囚犯照，熊貓眼，亂草似的頭髮，疲憊黑黃的臉，慘不忍睹。後來就把我和亞茵關在監牢裡，我倆一個房間，有床，有被子，有廁所。我們的早餐是牛奶麵包，午餐和晚餐都是白米

茶山驚夢
怒海浮沉

飯，有魚有肉。我們從來沒有嚐過如此美味，可是飯太少了，我們狼吞虎嚥吃了還覺不夠飽，實在太好吃了，簡直是享受，就算遲些放監我都覺得無所謂。曾經待過狗洞的，經歷過生不如死的生活，今後遇到的一切，都是美好的，我都會感恩。

可是過了一天，我倆同時發高燒，大家的腳底和小腿都在過蠔田被蠔殼劃得體無全膚，有的甚至割開到肉，傷口感染了。現在我們才感到十分十分疼痛，原來我們在極度緊張中連疼痛也感覺不到。女警馬上帶我們去醫院看病和打破傷風針。一個女警告訴我們說，妳們實在太幸運了，一個星期後香港政府就不會再收留大陸難民了，要是被員警逮住了就要馬上送回大陸去，妳們出去就該買六合彩。真的我真的很幸運，老天對我不薄，過了幾天我們退燒了，亞茵的親戚、我弟弟來接我出去，終於到了這個花花世界，從此我真的改變了命運。

本來寫到這裡該是完結了，還有一點好笑的。一個月我回到香港人民事務處去領身分證。這女警對照現在的我和那張人蛇照片，實在沒有半點相同。到了香港我的朋友給錢的給錢，給衣服的給衣服，教我打扮化妝，千叮萬囑叫我不要說自己從大陸來，以免受人歧視。半個月以後，我以香港中五畢業的身分在尖沙咀妙麗洋行找到第一份工，見工時說我的畢業證書讓一場大火燒了，要的話我回校再申請拿來，他們給我看一張英文報紙，我若有介事地看了半天，幸虧沒有考我，這是我這一生最後說的一個謊，公司就馬上僱用我了。我的工作是每天到個小學約見校長讓他允許讓學生訂購公司出品的學生皮鞋。這天出現在女警面前是位穿迷你裙、

火鳳凰

鬆糕鞋戴眼鏡斯文自信漂亮的年輕小姐。這女警用懷疑鄙視的眼光對我說，看看妳是什麼樣子？我看看仔細自己也沒有什麼差錯，也沒什麼不對勁的，略施脂粉，一個出入洋行文員的正常打扮。她接著又說，妳做什麼工？我覺得她的眼光像在審問我是不是做雞？我神氣地回答說在尖沙咀洋行當文員。我永遠忘不掉她那尖酸的語調和眼神。她一臉驚訝，又問：「有人介紹的嗎？」「沒有，我看報紙找的。」我回了她一個堅定不用懷疑的眼神。我一出門，幾個乞丐纏著我要錢，我開心地笑了，雖然我身上的錢還沒有他們向別人討錢的箱子裡多，我居然像個有能力的施予者了！我的尊嚴，我的自信全回來了！

　　我終於能像隻出籠小鳥，去過自己選擇的生活，用生命博取自由，今生無憾！

在落馬洲上岸和亞茵一起，後面是我們走過大的路。

茶山驚夢
怒海浮沉

香江歲月

初到貴境

那是一九七四年的十月，大哥明和我弟弟把我從差館領出來，初見香港這個花花世界，兩隻眼睛根本不夠用。來自一個封鎖的國度，沒有聽過廣播，沒有看過電視，只看過《人民日報》過描述香港的文章，什麼朱門酒肉臭，路有凍死骨，此外我對香港一無所知。走在繁華、喧鬧的街道上，心中無比的徬徨，這裡可有讓我棲身之地？就像一隻被關在籠中多年的小鳥一旦被放出來，並沒有覓食的技能，何去何從？有了自由必須要求生存，這是最現實不過了，我實在十分擔心，怎樣生活下去。

我弟弟比我早到香港差不多一年，起初他到工廠當學徒，一百塊錢一個月包伙食，在工廠裡睡，那只是晚上把摺床和被子搬出來睡罷了。這時他剛剛辭了工，向祖母的朋友借了些錢買了些貨當賣衣服的「走鬼」小販。這些小販是沒有合法的牌照，一旦被拉了，貨物都會被充公，可只是初步的生存之路。弟弟和幾個無家的卒友合租一個房間，根本容納不了我，可是弟弟說給他一些時間，借點錢我倆租一個房間。姨夫也是比我們早一點偷渡來港，由於他以前帶領香港飛機投誠回大陸，香港政府要把他送回大陸，好容易他找同學胡先生，香港的太平紳士擔保讓他去美國。他根本自顧不暇，照顧不了我。父母有的同學朋友卻是非富則貴，不過沒

人主動伸出援手。這也不怪他們，不但對大陸來的女仔有歧視，誰也會對這些前紅衛兵膽大包天偷渡客有戒心。同時我跟這些叔伯們簡直是天和地完全不同的社會階層，我是不會麻煩他們的。

大哥明把我帶回家，說能暫時收留我。其實那是他姊姊的家，我馬上體驗到什麼是寸金尺土了。他姊姊一家是住在蘇屋村廉租屋裡。三百多呎的房子裡面有共四張碌架床。姊姊一家四口又加上大哥明父母和他三人，還可以讓我有一個床位。八個人住在一起幾乎走路也要擦身而過，可還能收留我那是多麼感激了。大哥明的父親是製衣廠的裁床師傅，母親在工廠剪線頭，姊夫在機場工作，姊姊在家裡車衣服，大哥明在尖沙咀碼頭當苦力去搬運大米。這是香港典型的勞工階層。千萬不要小看這廉租屋，我往後在兩年之內搬了七次家，有廁所和廚房的廉租屋簡直就是窮人的天堂。

要是我能學車衣，明姊姊說找份工作不難，她也可以教我。可是我自己知道對我來說是最最困難的。在廣州時本來想學習縫紉技術，亞慧教我車裁一條金山內褲，我費盡全力結果全軍覆滅，根本不成型，浪費了那珍貴的布票。不過使我明白自己即使所有女人都覺得易如反掌的工作對我來說我卻像個白痴。到底我有什麼技能？在現實的社會中，琴棋書畫只是有錢人的玩意。我把救命的稻草全放在報紙上，在求職這一欄五花八門，我把注意力集中在找推銷員工作，可是都要有學歷的要求。

我從差館出來只穿上他們給我的一套衣服，身無分文。聽說有些救援難民的組織會給難民有物質上的援助，但我爸爸不讓我去領取，他說有臺灣的特務活動，怕影響家人在大

陸的生活。我的朋友都知道我的困境，主動給衣服的，給錢的，越秀送了我一塊精工手錶，大哥明送我副眼鏡，其實這個時候大家生活都困難，在香港都沒有站穩腳跟，實在愛莫能助，大家都幫忙實在叫我感激不盡。燙了個髮，換了衣服，還化了花妝出來的我土氣全消，什麼前紅衛兵？什麼知青？一下子還原二十幾年在家書香門第的淑女形象。其實我們這一代是最純潔的一代，一出生就被洗腦，學雷鋒無私心、無自私的金錢觀念，不知男女私欲，對弱者有強烈的同理心，為理想不怕犧牲生命，即使在這十年浩劫曾出軌，無奈做出一些違反法律之事，可是一早灌注在我們腦海裡的正直形象哪能輕易洗去？改變只是外型，在內心還是很單純善良在大染缸裡不知所措。

少萍來探望我，她辭了工正準備移民到法國，她有空可以陪我去見工。在近半年之內，我的大多數朋友一個個地離開香港，因為各國有收容難民的政策，其中美國收容最多。少萍說希望在離開香港之前幫到我。以她的經驗來說，叫我千萬別說是來自大陸，香港人是會歧視你的，他們會視這些前紅衛兵如洪水猛獸，說他們是壞人，其實不知道幾乎所有的學生都是紅衛兵，只是不同派別罷了，不是紅衛兵的學生都會被人孤立。這些事是跟大多數的香港人解釋不清楚的。少萍說，我們跟香港人有什麼不同？知書識禮，舉止優雅，就是沒有他們認可的畢業文憑。少萍陪我走多幾間公司，做售貨員多半有底薪和傭金，我希望薪金能有七百塊以上才能租得起房間夠生活費。少萍說，妳儘管冒充一下，增加一點見工的經驗也好。她教我填寫一份英文的履歷，住在蘇屋邨，某中文中學畢業，做過某公司售貨員。在見工的時候，

火鳳凰

經理問我要畢業證書，我說畢業證書在石硤尾大火時被燒了，要回校重新申請，可能要一段時間。經理給我張英文報紙看，我裝著看得很認真，幸好沒有考我。工作需要填寫英文單子，卻是填寫皮鞋的顏色而已，雖然我在學校學俄語，這一點點英文也能懂。我很順利地在尖沙咀妙麗手袋皮鞋公司找到一份工了，這時我才剛剛到了香港才半個月。在當時妙麗是間有名公司，生意很大。後來卻在大陸開放時敗於炒房地產。

我的工作是每天打電話給各校校長約見，希望他給一個機會給我們公司到學校擺攤銷售一天的學生皮鞋，當然給學生一個優惠的價格。只要能見到校長，就有十塊錢的車馬費。能賣到皮鞋當然還有傭金。那時候香港很多天臺學校，是些在沒有電梯廉租屋的頂樓，我不記得是五樓還是六樓。每逢要見校長，必須要帶七八款鞋子樣板。對個女孩子來說，穿著迷你裙高跟鞋手提著重重的鞋子下了車找學校爬樓梯，實在非常吃力，其他的女孩子推銷員多半是找名校，不用爬樓梯。對於我來說剛剛走過萬水千山，買了本香港大地圖，爬樓梯只是小兒科。在天臺學校念書的一般是窮孩子，家長哪會帶孩子在尖沙咀鞋店買鞋，一般在附近小鞋店買了算，這時能在學校直接買，還有折扣當然很受歡迎。我的生意很好接到了許多單。同事們嫉妒了，教我不要每天把單都交出來，只交一半，第二天就不要上班，後天再交另外一半，不然會顯得其他同事偷懶。我聽從她們的建議，這樣倒好，可以有很多時間再找工作，也有時間逛逛街去認識香港。我當了幾乎七年教師，可是香港是不承認我們的畢業證書的，我也沒有什麼其他的工作經驗，也不知自己能夠幹什

麼？但我感到這份工作對我來說不太合適，要扮一個出生在香港的小姐並不困難，可是時時刻刻都要小心翼翼，注意言行，不然會露出破綻。好像同事問我：「妳能給我 tissues 嗎？」我根本不知她說什麼，香港人的特點是説中英文夾雜。我想我能有什麼可以給她的？大概只有面紙吧，我便從手袋拿出面紙。她們聊天講八卦明星新聞，我也不懂，只是少説話。大哥明的爸爸介紹一份工作給我，是在工廠當文員，有五百塊一個月，我婉拒了，因為租間房間要四五百塊。我一有空就學打字，學寫求職信。

我的好運終於到了。小芬帶我去見工，她是和我弟弟一起游到香港的。我幫過她，果然是好人有好報。這是一家畫圖畫在衣服上出口的公司需要請畫師，老闆馬上拿顏色和布讓我試試，多虧了小學中學一直在美工組素描和在穗華家受鄭老師指點，老闆很滿意叫我馬上上班。這裡的同事都是從大陸來的，大家工作也很融合。工資是按計件的，多勞多得。一月來有一千多，我也不用花錢打扮，不用裝什麼小姐了，我做回我自己，那個愛説笑的瘋丫頭又出現了。我跟我弟弟在深水埗青山道找到一間板間房，這就像電影《七十二家房客》那樣，幾家人合用廚房和洗手間。我終於能自己養活自己了！

火鳳凰

搬家

　　在香港住了二十年卻是搬了七次家。其中的辛酸難對人道。第一次住在九龍青山道，不能說是搬家而是建家。我和弟弟合租了一個房間，是頭房，應該是全屋最好的，因為有窗戶。其他的房間都沒有窗戶，這是用木板相間成每間六十呎到一百呎左右。全屋大概住七八戶人家，當然大家的說話聲都會聽見，沒有什麼私隱可言。樓下是大馬路，車來車往，人來人往，吵雜聲音沒完沒了。幸好當時年輕，每天太累了，回家倒頭便睡。全屋共用一個廚房，每家只能放一個火水爐用來炒菜，電飯鍋就放在各人的房間。全屋共用一個洗手間，經常有人在排隊。全屋也只有一個電話，當鈴聲響起，那包租公當接線生，不然誰也不願意接電話。我們睡的雙層鐵床是弟弟燒銲做成的，想不到他很快學到這手藝。剛拿到了工資的我節省著每一毛錢，從碗筷到內衣褲等等都得買。逛街的時候，看到布料我就會想著買些就回家，父母和妹妹該多高興，在廣州買衣服要憑布票買了床單就不能買衣服，多困難。弟弟年紀小從來不會擔心缺了錢生活怎麼辦？只有我在擔心生活才會覺得累。也許是大家姊習慣，肩負全家的擔子，永遠缺乏了安全感。

　　剛剛才住了幾個月，我進了畫衣服的公司當畫師不久。弟弟馬上叫我搬家，不知道他惹上了什麼江湖恩怨，只知道

他當了賣衣服的無牌小販得罪了黑道中人。我只有從報紙上找便宜的住所，我看到九龍城寨十三樓一套房子，一廳三房，有廁有廚房，租金只有其他地方的三分之一。同時我們公司同事李先生也在找房子搬家，那太好了，我決定跟他分租這房子馬上搬家。

我根本不知城寨是什麼地方。原來是中國、英國、香港政府都不管的三不管地區。名義上是屬於中國的，所以香港員警不會進入執法。裡面竟是藏汙納垢烏煙瘴氣的地方：色情場所、販賣毒品、黑市墮胎、殺狗劏貓等等非法勾當。對我來說，能有棲身之地同時付得起租房的上期和按金就是好地方。搬家也挺容易，只有一張床，拆下搬走就是，我只有一個小箱子，身無長物。有人告訴我附近有一個垃圾站，可以有空看看會撿到一些家私，我竟然找到了兩三張椅子，還挺不錯，真奇怪，香港人為什麼這樣浪費？後來才知道，香港地方寸金尺土，只要用不上就馬上丟掉。我還花了一百塊錢買了二手黑白電視機，這都是在廣州時買不到的。這真叫我喜出望外。後來大陸一開放，我馬上給爸媽添置一切能買的電器用品，那時候還要用外匯券在華僑商店買呢。

我住的是十三樓，是頂樓。可是卻沒有電梯，沒有電話，朋友找我十分不方便。每天登樓下樓可想像多麼費勁。可是我有的是體力，曾經能爬山涉水的，這些還能難倒我嗎？這裡每個房間都有窗戶，不過看到外面的都是墓地，一片白皚皚的，如果膽子小也許會很害怕。這裡每天下午三點鐘才有水供應，但住頂樓的好處是可以上天臺做運動，也可以用小水桶到水箱打水用，不受制水的限制。

火鳳凰

可是搬進來才一個禮拜左右就發生了一場浩劫，使我明白九龍城寨的厲害。那天下了班回家，家裡亂七八糟，原來遭盜賊洗劫一空。本來就是一窮二白，我只有朋友給我的五百塊錢，我不敢用留著要是沒工作還有一口飯吃，現在更加變得身無分文。我覺得真奇怪，盜賊怎麼會對家徒四壁的房子會有興趣？後來看看樓梯就明白了，從十二樓到天臺的每一級樓梯都坐著一個癮君子，他們正在吸毒，為了買毒品有什麼事做不出來。不過他們總算有禮貌，當我上樓梯時會站起來讓我通過。這時我下了班還到美孚新邨中文大學校外進修部學習美術設計，晚上要十點多鐘才到家，很多朋友都擔心回家不安全，可是一直沒事發生。可能是兔子不吃窩邊草，住下來了也不是陌生人了，也可能城寨青年女子不容欺負，敢在這裡出入也許多少跟黑道沾上邊的，搞不好也許會引起打鬥。這些雖然是我自己的推測，無論如何我都感不到有一絲害怕，經歷過大風浪連死神都不怕的人，還有什麼值得畏懼呢？

　　在城寨住的日子，我覺得過得挺不錯。房東和同屋的李先生對我很好。李先生是一位印尼華僑，是印尼排華時回大陸念書再申請回去，他很沉默，很少講自己的故事。我和他都覺得在衣服上畫畫沒有什麼前途，當這潮流一過我們倆都會失業，聽說畫油畫工錢很高，我們都打算學油畫。他跟我們老闆陳先生學畫海浪，我付了學費到旺角畫室拜師學風景，我記得學費是六百塊錢一個月，挺貴的。我每個月的收入除了吃飯交租就是付學費了。我很喜歡畫畫，希望學會一門手藝。

不久畫衣服的畫室接不到訂單了，有一段時間不用上班，我看到報紙上有一家洋行請畫師直接畫畫在帽子上，但是要先起樣板，看能不能接到外國訂單。我真是太幸運了，我起的樣板客人都喜歡，接了一大批的訂單，我回家畫起來，大哥明和我弟弟下班都來幫忙。這一下可好了，讓弟弟去美國的機票和行李的費用都有了，還幫弟弟還掉了借奶奶朋友的一萬元的債務，那時一萬元不是個小數目，三萬元就可以買城寨一個單位。弟弟是以難民身分申請到美國去的，媽媽的一個同學擔保，我也申請以難民身分到美國，不過到後來卻是為了太喜歡畫畫的職業，也因為我先生剛剛開始做生意，財政有點問題，我們放棄以難民資格去移民美國的權利。

　　好景不長，房東的兒子要結婚了，房東要收回房子，我又得搬家了，弟弟去了美國，沒有人合租房間，費用比較多了。找了又找，還是在深水埗區找到一間房間。還是同一個單位間成幾個房間分租給幾家人，共用一個洗手間、一個廚房。這樣比現在的劏房還不如，至少現在的劏房會有獨立的廚房和廁所。我們叫二房東是包租公，這人是個怪老頭，他定立許多規矩，過了十一點半門鎖上，不開門。那時候有電影的午夜場票價特便宜，我怕回不了家也不敢去看。每當我做飯時候他老是在旁邊監控著，應該怎樣怎樣……起初我謝謝他，後來我忍受不了他嘮嘮叨叨，又想搬家了。

　　我看上了南丫島，這是香港的一個安靜、美麗的小島。小島上沒有汽車，還有綠水細沙的海灘。我租了一座製作鹹蝦醬的工場的三樓。工人只在一二樓工作，下了班整座樓都只有我一個，太自由了！我想得挺美。那時我已經在灣仔友

火鳳凰

聯油畫公司工作了，上班下班只要坐幾毛錢的電車到中環碼頭上船到榕樹灣（這是南丫島其中一個碼頭），大概坐船半個多小時，下了船再走五分鐘就到家了。在不上班的日子，可以到沙灘游泳，也可以環島攀山，風景可漂亮啦，也可以招呼朋友來玩。最大的好處是在上班前在船上可以做功課、溫習、吃早點，因為我報了個英文班準備以後到美國去，只有在坐船的時間可以溫習和完成作業。下班時可以閉眼休息一下，看來我找得合適又完美的家。不過我的美夢很快就破碎了。才住了不久，我發現當我上了電車，人家會對我有怪異的眼光，原來我身上充滿了鹹蝦醬的味道。我自己聞慣了倒是不覺得，沒有辦法，我是該又搬家了。

大哥明的朋友在香港灣仔租政府的一層舊樓，是準備拆的。在這裡住的人可能安置到廉租屋，這個朋友一家已經買了房子搬走了，只要我們出五千塊頂手費我們就會成為這層樓的租客，每月才一百多塊錢，也許會得到廉租屋，而且離我上班的公司很近。這層樓有三個房間，我們可以有兩個房間和一個小廳，有廚房可沒有廁所，要到春園街的公共廁所。這房子還住著兩個老人家。一個住一間房間，另外一個住走廊的一個床位，這位是個病殘的老人，每時每刻都聽到他咳嗽和吐痰的聲音。在香港尋覓一個棲身之地多麼困難，特別對身無分文的新移民。記得最剛剛來港時，我想買一間木屋，大概要五百塊，我也買不起呢。大哥明說，咱們結婚吧，好像一切都是水到渠成，搬到灣仔住這就是我婚後的第一個家。

這是多麼舊的房子，油漆石灰剝落不在話下。最要命是沒有洗手間，但是每星期有人會來收糞便。除了在鄉下我也

沒住過這種房子。樓下是間大排檔，那些油煙直衝上二樓。後來我接了訂單回家畫畫整天待在家裡就覺得氣味十分難受。不要說老鼠蟑螂了，可能租客搬得七七八八，出入人少，居然看見有人在鬼鬼祟祟販賣毒品。把這裡當作新房，真很無奈，我連挑選家具的興趣都沒有，臨時的住房裡的家具還不是以後搬家會扔掉的嗎？不過居住在灣仔最大的好處是方便。樓下就是春園街市，人山人海，賣菜賣肉和很多賣雜貨的小店，還有茶樓和大排檔。星期天休息我不畫畫了居然早上到街上當幾個小時的無牌小販賣牙刷，一般能賺到一百多塊錢，下午就跟朋友打麻將，然後大家一塊吃飯，當然由贏家作東。我十分開心，休息天能玩能賺錢。那時候的香港，經濟正起飛，只要勤快不愁沒活幹。看那些白髮蒼蒼的老人家，在家幫製衣廠剪剪線頭，或幫酒家摘掉芽菜根，給塑膠花黏合等等，都能養活自己。我們雖然生活不富裕，可是有盼望，看著銀行摺子的數字增加，很快就會改善生活。

　　住了差不多一年多，又要搬家了。原來法庭傳令業主要收樓，要是不搬的話法庭的執達吏就會來接封了。還好免了一年不用交租。那時候我女兒出生了，我把她送到跑馬地托嬰所，是全托的，由經驗的護士照顧，因為家裡的衛生條件實在太差了，托嬰所收費要一千多一個月，但照顧妥當，這樣我也放心多了。所以我們還在灣仔區找房子，結果還是找到一間舊房子，也是要交頂幾千塊頂手費，房東是香港政府。雖然只有一間房間，但客廳可以當作我畫畫的工作室，我還請了一位女學徒幫忙畫畫，接到的訂單也使我忙不過來。直到有一天大清早政府派人封了門，在清點誰是住在這裡的租客，原來政府需要發展這裡要收回房子拆掉，要給每

火鳳凰

個租客搬遷費還補償每家人有套廉租屋。為了怕有人謊報租客要政府賠償，所以政府人員突擊檢查看看每家到底住了多少人。我們家分配了一間廉租屋在九龍順安邨，還有六千多的搬遷費。要是我的畫室有商業登記的話還會分到商業的單位。大家都不知順安邨在什麼地方，原來是個剛剛建成的新發展區，各種的配套還沒有完善。我們先去看看，一看就歡喜若狂。

這個單位在二十九樓，飛鵝山腰，無敵大海景。可以看到對面海燈光璀璨的香港，還可以望到啟德機場的飛機升降，面對西南景色美極了。可惜單位面積很小，只有三百呎，但有廚房和廁所，還有小小的陽臺。只要交一兩百塊錢的租金。樓下就有商場和市場，有幼稚園和小學。對比起骯髒的舊房子這裡簡直是天堂。我馬上決定搬家了。舊屋的鄰居很多不願意搬到九龍來，他們住慣了香港要挑香港的廉租屋。我把房子裝修得很獨特，一排入牆大櫃成了小小的畫室，上面是儲物室。下面拉出抽屜就是椅子。女兒床下面就是書桌。大床後貼了金色樹林的牆紙，黃啡色的地毯，可以把女兒接回家由自己帶，好讓她在地毯上玩。後來生了兒子又再把房子裝修一次。這次用竹簾把房子間成像一廳兩房的樣子，最重要是把插電源藏好，把易碎物件都藏好，讓我畫畫的時候別讓我擔心孩子的安全。小小的房子有吧檯、畫室，一張大床兩張小床，後來我在家中教畫，還能擺上三張桌子，還能坐上十二個學生。鄰居喜歡我的設計，裝修房子都會照我家的式樣。在這裡我住了十多年，是我住得最久的房子。孩子們也十分留戀這裡的一切，做完功課小朋友們可以出門在大堂玩，鄰居大家關係都很好，雖然各家隔音不

好，沒有什麼私隱，但都會互相幫忙照顧，是私人樓宇沒有的現象。這裡是我最喜歡的房子，度過了不少歡樂的時光。

當有了點積蓄我第一次住上了自己購買的房子，是西貢井欄樹村屋，是當地原居民賣出來，當地原居民的男丁可以分到土地建房子，向政府補了地價就可以賣出去。也沒有管理費，只要把垃圾放在村前倒垃圾桶就可以了。出門走五分鐘就到車站，交通十分方便。房子是三層西班牙式樣的，白白的牆，紅紅的瓦。我買的是地下的一層，還有個小花園，我種了兩棵桂花樹，現在還有杜鵑花、蘭花。我不喜歡鬧市，還是喜歡花花草草的近郊。想不到香港這麼人煙稠密的地方也有這樣幽靜之地。不過剛剛買房子時候由於供款能力有限，最初出租給空姐幾年。房子有七百呎，孩子終於也有了真正屬於自己的房間，兒子還養了一隻小鸚鵡。雖然買東西不太方便，要坐小巴或公車，蚊子較多，總的來說也是覺得很不錯。我們一家在九三年再搬家離開了香港到美國去，非常捨不得離開，香港對我來說是很有家的感覺，是從沒到有，一點一點辛辛苦苦去打拚，當然也非常感謝香港政府的廉租屋的政策給了我們援助，幫我度過了難關。我一生四海漂泊，從城市到農村，到香港，到美國搬家無數，在香港的日子總讓我永遠難忘。

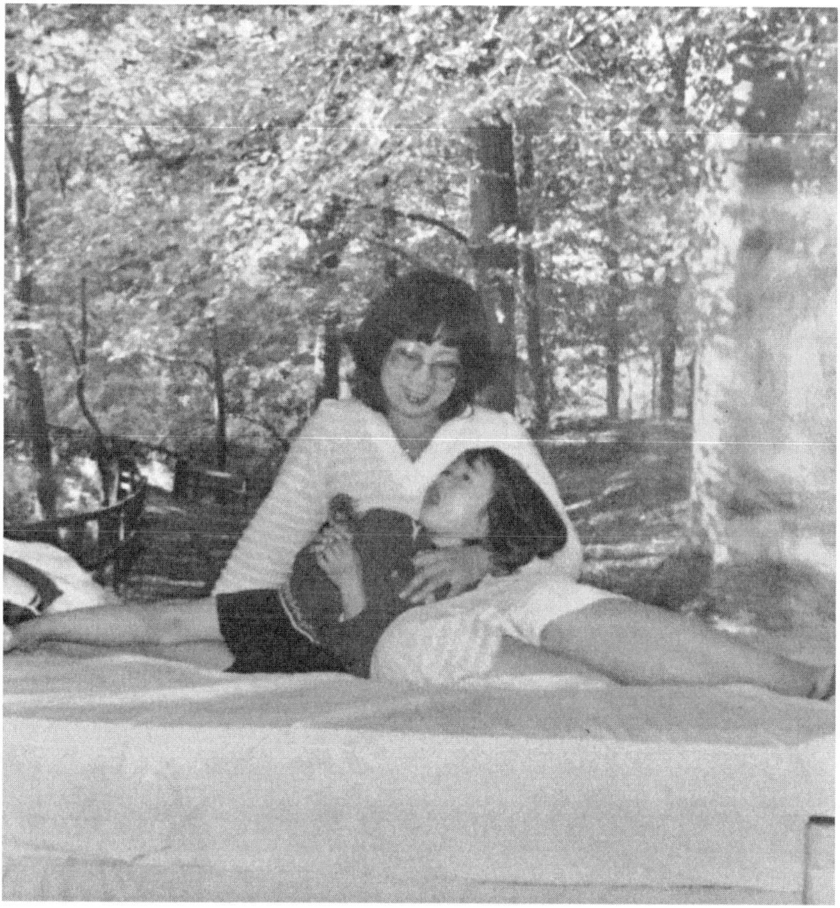

在順安邨廉租屋內。

順安邨學校前和兒女一起。

火鳳凰

畫室趣事

　　當友聯畫室的老闆僱用我任職油畫畫師時，我簡直歡喜若狂！一個人能夠找到一份自己喜歡的工作而且還是收入不低，這實在是天賜良機！那是一九七三年，我剛剛到了香港不久。第一份工作是在尖沙咀妙麗皮鞋公司當公關，每天得約見各校校長尋找能有在學校推銷學生皮鞋的機會。有天朋友介紹我到一間畫室見工，那是直接把畫畫在衣服上。老闆要求我馬上畫，這真好，還不用看什麼學歷，我馬上就得到了工作，可是我知道這份工不會長，當衣服畫的潮流完了，我就會失業了。我開始把我的工錢都當作學費，到中文大學校外進修部學美術設計，到油畫公司學油畫。可能我從小到大喜歡畫畫，也真謝謝十七中的徐榮貴老師的栽培，在整個初中期間讓我能每天放學後，在畫室學校美工組畫兩個小時素描，因此我的美術基礎是不錯的。到七五年當我拿了人生第一張三呎長的油畫，憑著報紙的招工廣告去見工，這裡的老闆再讓我當場畫另外一張，就馬上讓我上班。

　　公司大概有二三十人，誰知全公司只有我一個女生，同事們都很年輕，大概都在二十歲左右。公司只有一個洗手間，也沒有分男女的。每天上班的時候大家都要換上工作服，因為一畫畫，那油漆沾了衣服上是洗不掉的。起初那些男同事要換衣服的時候有些覥腆，他們覺得有個女孩子不太

方便，可是慢慢地他們就把我當成兄弟一樣，也許在小小的畫室中也沒法避開，他們當著我脫衣換褲，談論女孩，照樣粗言穢語。這群男孩子一下班倒是斯文瀟灑，不過在畫室內倒是一派藝術家的狂態，說話無所顧忌。對我來說真無所謂，十三歲就開始畫大衛像，就算他們脫光了，我也會當成一件藝術品來看。在男生圈子裡生存是我一生中的趣事，我不會聽到什麼張家長李家短等等的八卦新聞，不會擔心誰會小氣又得罪了誰。尤其我是剛剛從大陸到香港不久，可能有些土氣，要是在香港的女生圈子工作，誰會看得起大陸妹子？還是個前紅衛兵，嚇壞人，我定會被人孤立。我的第一份公關的工作，我是以香港女生的身分任職，小心謹慎，像個出色的演員，絕對不能露出破綻。在這公司裡我能做回我自己，好不痛快！也不怕別人知道我從大陸來而受排擠。後來也有過一個女同事，很新潮開放，很快跟男同事打成一片。他們相約一起晚上到南丫島去露營和裸泳，可是不過不知什麼原因很快就離開了公司。我取笑這些男生說她一定給你們這色狼嚇壞了。我快離開公司的時候來了一位女同事，很斯文自愛，男生都不敢惹她，她後來去了法國，我們一直都有聯絡，是我的好朋友。

友聯油畫室就在灣仔杜老誌道，隔壁就是有名的杜老誌大舞廳，那時候簡直是金碧輝煌，燈紅酒綠。門前花籃和花牌，特別是花枝招展的舞小姐，真是令人目不暇給。下午兩三點可能是茶舞開始吧，小姐們開始上班，男同事們都愛趴著窗戶看小姐當作一個小休息，他們評頭品足來找心中的女神是誰漂亮，有時爭執不下，居然找我作評判，看看我的意見。我們公司和舞廳宿舍共用一個樓梯，宿舍是供小姐們休

息和換衣服。我去上班時也會惹來一些路人色迷迷的目光，雖然我從不理會，但我也知道被人誤會了是個舞小姐。我的老闆說現在隔壁舞廳的生意大不如前了，那時候越戰還沒有結束，多少美軍上岸消遣，門前有時水洩不通，更加繁榮興旺。

我們畫室畫的油畫是被送到洋行再銷售到全世界。人們總以為畫行貨畫總是抄襲名畫，我在這裡也為行貨畫叫屈。抄襲名畫當然有，但是最不好賺錢，抄襲要有九成和原畫相像畫商才收畫，我們經常要調顏色跟貨版對好才能下筆，花的時間特別多，我們交畫是按照每幅畫計算工錢。顏色和畫布是畫師出的錢，畫商不要的話，畫師血本無歸。另一種是自由畫，由畫師自由創作，由畫商挑選再下訂單，選上的畫要多少張和多少尺寸的，要求什麼時候交貨，一般都有幾十幅到幾百幅畫。畫商下了訂單後也訂下的飛機貨位，所以我們必須要按時交畫，不然畫商取消機位也就取消訂單。要畫得好畫得快就要動動腦筋，一大早把顏色按需要調好，不能坐著畫，站著，連腳步也不會多餘的。在往後二十年的畫畫生涯中，無論多少風風雨雨，幸好我一次也沒有誤過期。畫師們是分開誰畫風景、海景、花、動物、靜物、人物等等，我是風景畫師也是最幸運的，沒有一次退貨。當我剛剛入行的時候當然不能馬上畫自由畫，畫得多了漸漸也能隨心所欲。把山、水、樹、雲朵搬來搬去，顏色隨著春夏秋冬變化，也可以用各種技巧：有筆觸的，沒筆觸的，現實的，抽象的，只用油畫刀的，因此創作其實沒有難度。現在看什麼國畫大師即席揮毫，旁人喝采，但油畫師即席揮毫卻是作為行貨對待，卻有點不公平。

畫自由畫來接訂單有一個好處就是，由於樣板是自己畫的，當然是調色準起貨快。我太喜歡畫風景畫了，左一筆，右一筆，換天換地又換山，風景隨我心意變，很有滿足感。每天一上班，我立即調好一天需要的顏色，把報紙截開一小塊、一小塊地放在一起一大疊，用來清理油畫筆。我左手每個手指夾著一枝畫筆，起碼有三枝，畫不同的東西就換畫筆就可以了。畫大畫是每次一張，畫小畫是幾張幾張一起來。我最高紀錄是一天能畫十二張 24×36 吋的畫。畫商喜歡我的畫所以訂單較多。上班我感到無比興奮，感覺就像畫鈔票。我那時候住在九龍城寨，沒有電梯的十三樓，用的家具是撿回來的，掙了錢買機票和行李先把弟弟送到美國，很多用品還要等拿到工資購買，可是這時我感到自己很富有，這種滿足感在我一生中在這陣子最強烈。那時候上茶樓吃一碟飯才四塊錢，我在晚上九點開始畫到十一點下班還能畫十張 8×10 吋的畫足可以買十碟飯，跟以前鄉下當老師只有六塊錢人民幣一個月的生涯真是一個天一個地。那時大家都下班了，我還可以一邊畫畫一邊大聲唱歌，還盤算著買多少外匯券讓廣州的爸爸媽媽買到洗衣機等等的用品，還計畫著將來，心裡充滿了幸福的盼望。有時我想富不富有可能這是心理一種感覺，是要通過對比，只要在地獄生活過了，現在一切都像在天堂。

　　其實工作環境不會很好，一千多吋的地方被間隔十多間工作室。因為油畫要晾乾，畫室沒有冷氣。油漆、快乾水、火水、汗水的味道交織特殊的畫室氣味，不習慣的話不會好受。夏天下午一兩點，太陽曬到畫室我的位置上，像火一樣，我又熱又累，那些男同事乾脆赤膊上陣。下班時大家通

火鳳凰

常要用火水擦乾淨手上的油漆，再用鹼沙洗手，可憐我的手指都有黑邊，到過年的時候休息幾天，我的指甲才會清潔，有機會塗上指甲油。穿上那滿是油漆的工作服，在畫室裡我一年到頭都是髒兮兮的。我通常工作十二個小時，從早上十點到晚上十點，有時到十一點，通常我是最早到畫室，但最後離開畫室也是我。為了躲避猛烈的太陽，那麼中午我乾脆交學費上一個小時多英文課，可是上課時候涼著冷氣，都會昏昏沉沉睡著了，學習沒有多大進步，反而能夠休息一會，又能精神奕奕再投入工作。

公司有兩個老闆，姓周的專門管到洋行去接洽，姓遲的老闆管理我們畫師，他長得又瘦又黑，樣子挺凶，畫得不好他會粗言大罵，叫人拿回去改，改不好就不是收貨，大家都很怕他。可是他對我不錯，可能我工作勤快又不愛頂嘴。他不但教我畫畫的技巧，還教我投資買股票，並不是炒股票。那時股票都跌得很低，他教我拿到工錢就拿部分買些匯豐銀行和煤氣等股票，用來收取利息。他更教我是要接受現實，比如有些來稿有明顯的錯誤，居然畫人只有四個手指，我把畫改動了，多添一個手指，遲老闆要我馬上改警告我說，一個畫師就要畫別人喜歡的，不是妳自己喜歡的，不然妳回家當畫家去。

公司同事們每天喜歡都開著商業電臺，股市行情、歌曲、故事像《十八樓 C 座》等等，都似乎對我再教育，使我更快地適應香港。很快我的工資是全畫室的第二名了，一個月有三千多。當時一個洋行文員月入大概才是五百到七百，老闆取笑我說，那天妳來見工，我還以為妳走錯了門是到隔壁去的，現在妳掙的錢比隔壁小姐還多，又不用花錢買衣服

打扮，妳來這裡上班多好。真的我是很幸運，我生了孩子以後還能拿訂單回家畫畫，能賺錢又能看家。以致一年後美國批准我的移民申請也讓我給放棄了，我愛我的工作，也捨不得離開香港。

周老闆有很多生意，聽說還有開間麻將館。在發工資的時候他一般都會來。他一來公司熱鬧起來了，因為他在午飯的時候都開賭局，由他來做莊。他們玩的是沙蟹，有時是二十一點。男生都摩拳擦掌想贏老闆的錢當加薪，我也會在旁邊看看他們的玩意。贏了的興高采烈，輸了的悄悄地回到自己的位置上畫畫。我看一定是老闆贏得多，不然為什麼每個月都來開賭？也怪公司的小夥子賭性太大，不然老闆也沒有市場。他們畫畫累了，在小息的時間也坐在地上一陣玩鋤大D，這不是大賭，只是他們日常的娛樂。我覺得就是浪費時間，累了可以看看窗外的藍天，窗下的車水馬龍，那是另外一個天地。

我的男同事都很好，我跟他們很少聊天，因為實在太忙了。要是我需要他們幫忙的話，誰都會義不容辭。很多時候他們談的是男生最愛的話題：女人和賭錢，我可插不上嘴，只能偷偷地發笑。在我隔壁工作室的叫祥仔，只有十九歲，瘦弱蒼白架著個近視眼，燙著當年流行的長髮，笑起來露出小犬牙挺可愛的，他是畫海景的畫師，他喜歡在休息的時候到我這邊聊天，我也喜歡到他那裡偷師學學怎樣畫海景。他的畫板上畫了像女性生殖器官還畫上了牙齒，就像一張利嘴，怪嚇人的。他跟我談心事，說他愛上了一個有殘疾的女孩子，有結婚的衝動。我是挺現實的，馬上像個大姊姊說他，怎麼可能結婚？以後多麻煩不少。他說他就是喜歡殘廢

美，這有種楚楚可憐的美感讓人很想去保護她。我學到了殘廢美這個詞，而且祥仔是我一生中遇到的最善良的男孩子。

當我準備結婚的時候，我拿著喜帖到畫室去派發，這個畫室都像炸鍋了！男同事都說丟了眼鏡，想不到誰捧走了公司的夾萬（保險箱），因為我是全公司賺錢最多的第二名。也想不到我是願意結婚的像個普通的女孩子，而不是只會賺錢的機器，一天到晚都在畫室裡。他們大聲嚷著說是走寶了，以為我是很難追求的，老闆說他們通通是個笨蛋！他們說不服氣我帶了個紅色炸彈給他們，要他們出賀禮，非要纏著我要跟他們玩鋤大 D，他們要把賀禮贏回來。我實在沒辦法只好跟他們一較高下，可是卻叫他們大吃一驚，我是個大贏家。他們不知道這種廣州叫「鬥大」的撲克遊戲，我從小就會玩。我嚇唬他們說我左腦發達，數學特別好，還有第六感，能猜中他們手上的牌，就像他們賭馬時有時問問我喜歡的號碼，我亂說一通，居然中的機會比報紙馬經提示的更多。跟我賭錢就說像送錢給我用，他們居然信服了，以後再不敢纏著我賭錢。當在我的婚禮上，他們有些人看著我好像有點不認識的樣子，當然了，他們從來沒有看過我化妝的樣子，只是看見我跟他們一樣的髒兮兮我，看他們迷惘的樣子，真好笑極了！

自從大陸開放以後，畫室和杜老誌舞廳都不存在了。這種行貨的畫室轉去了大陸，我的香港同事們不去大陸開畫室就都轉行了。杜老誌道已經變得冷冷清清。我離開香港以後再沒有見過那些一直把我當成兄弟的可愛的男同事們，他們年輕的樣貌一直還在我的腦海中，一想起實在令人發笑，真有無限的唏噓，只能嘆一句往事如煙。

火鳳凰

安逸畫廊

　　安逸畫廊大概是八四年創辦的。那時我每天都在家畫畫，很多鄰居都喜歡來看。雖然住的是廉租屋，是低收入者的群體，可教育程度可不低，來自大陸的新移民很多，有一部分是印尼華僑排華的時候回了中國，讀完大學的，文革後又申請出了香港。住在這裡跟私人樓宇最大的區別是跟鄰居很熟悉，門戶大開，孩子做完功課都可以出大堂玩，假日也是孩子的天堂，樓下有幼兒園，小學，中學，孩子的同學很多，所以鄰居大家大多認識。私人樓宇卻不太認識鄰居，也老死不相往來。記得每年掛八號風球的日子，人們都不用上班，大家歡天喜地熱熱鬧鬧，一起打麻將，聚餐，聊天，孩子都玩瘋了。這些鄰居們都很重視孩子的教育。

　　那時我兒子差不多三歲，女兒七歲，我每天送女兒學鋼琴，但她好像沒有多大的興趣。是應該給他們找些興趣班。很多鄰居都來問我教不教畫畫，我也覺得我的孩子對畫畫有興趣，回想起好笑，女兒三歲時有天趁著我洗澡，她把床單鋪在地上，把油畫顏料塗在床單上、身上，弄得一塌糊塗，結果給我大罵一頓。所以我想開個畫畫班親自教自己兒女試試，希望提高他們的興趣，我不希望他們成為畫家，但能使畫畫成為自己一生中的興趣之一，終身充滿樂趣。想不到這一決定使我從畫師轉型到教畫老師。

安逸畫廊的成功多虧了幾個鄰居的宣傳，第一謝的是每天倒垃圾的清潔員，我認識她由於她每天都會罵我。安逸樓的規矩是每天晚上把垃圾桶放在門口，由清潔人員去倒。但我覺得奇怪，每天她經過我家時總是罵咧咧的，有天我留意她到底罵什麼，原來她是罵我這戶人家一定住著一個瘋子，每天撕碎了報紙再塗色扔掉。她不知道我畫油畫時每根手指夾著一枝筆，要換顏色就用裁成一小塊的報紙擦乾淨。有天當她經過時我故意打開門去倒垃圾，讓她看見我畫畫，她覺得驚嘆，以後替我義務宣傳，逢人就說，二十九樓住著個畫家畫畫得挺漂亮，還是以賣畫維生。我還要感謝另外有鄰居叫王楚香，她已經不在了，讓她在天知道我在悼念她。她的女兒是我第一批的學生，是個很有畫畫天分的孩子，比我女兒大兩歲。她知道我教畫非常用心，逢人就稱讚我，給我介紹學生。她加入本區一個佛堂，很多佛門弟子的兒女都成了我的學生。後來我帶學生到外面寫生和參加畫畫比賽，她都是我不可缺少的義工。

　　最重要的宣傳想不到是房屋處，那時候要舉辦一個整個屋邨要清潔，不要亂拋垃圾，注意安全的宣傳展覽。我幫忙畫了許多宣傳畫，還把整個安逸樓社區用油畫畫了八呎長的大畫，宣傳展覽之後房屋處工作人員把大畫掛在房屋處，讓人們在交租的時候或有問題去房屋處時候都看到。慢慢我的學生多起來，由於家裡地方小，最多只可以收十二個學生。起初只有幾個學生，後來很多來報名的也沒有座位了，只能在候補的名單，當有位子才通知他們上課，不過這樣學生反而更多了。

火鳳凰

為了安逸畫廊，我也盡了九牛二虎之力。我以前當過差不多七年老師，也積累教學經驗，但我還從圖書館借來有關兒童心理學的書，也研究怎樣從兒童畫中看心理。我按照孩子的年齡分開了三班。對小班的孩子主要提高他們對畫畫的興趣，每一節課我都會根據畫畫的內容給他們講個故事。然後要求他們根據他們自己的想像畫出自己編的故事，例如我教畫隻小鴨，他們有的畫小鴨在開派對，有的小鴨送禮物給媽媽，有的畫小鴨央求爸爸帶去麥當奴……，講故事不但豐富孩子的想像力，還使他們會安安靜靜，把注意力集中在圖畫中。我對中班的孩子除了提高興趣之外還開始教一些基本的知識，如構圖、色彩等等。對高班的孩子，他們都是對畫畫比較有興趣的，我會教他們素描、水彩、油畫、國畫、噴畫的初步入門。

　　每年的暑假《星島日報》都會在大會堂有個兒童畫展，在八八年到九三年這幾年，我帶畫班的小朋友參加都取得很好成績，我兒女也在畫展中得獎無數，在九一年安逸畫廊還得過優秀學校獎。我也幫學生把他們的圖畫投稿到《星島日報》，當孩子和家長在報上看見他們的畫，大家都很開心。我會帶高班的同學出去寫生，帶小中班的學生出去玩，很多家長工作很忙，很少帶孩子外出，我帶他們出去都很放心，我的義工朋友以陽叔叔也很受孩子們的歡迎。我先生和女兒都幫上不少忙，星期六上完課家裡亂七八糟，要收拾清潔，擦乾淨地板，然後全家外出吃飯。吃完飯散散步，順便貼一下安逸畫廊的招生紙。兒子年紀小，也爭著貼街招，大家合作合力，這些日子都是一家人最融合最開心的時刻。

由於教畫畫講故事，不單從現有的故事書選出來，還自己編一些，有的覺得編得還不錯乾脆投稿參加兒童故事創作比賽。在八九年得到新雅少年兒童文學創作獎現代童話組亞軍，在九〇年得到香港電臺的全港兒童故事演講比賽高級組故事創作獎。這些對我來說簡直是想不到的副產品，不過卻實實在在地鼓勵我，寫故事的愛好變得一發不可收拾，除了在美國經常給《星島日報》美西版投稿，後來退休後集合起來出版了五本兒童故事，還自己親自畫插圖。

　　那時候簡直是忙不過來，星期一到星期四還是在家畫畫，手在畫，腦子在想故事。星期五下午到藍田區議會教畫畫，晚上到麗港城教一組學生，星期六是安逸畫廊的教畫時間。還到過柴灣圖書館教超過四十人的大班。後來在美國教畫畫變得得心應手，用粵語、國語英語講課。回想這一切都是從安逸畫廊一步步努力慢慢走來，沒有半點僥倖，但得到很多朋友和家人的支持。教畫畫變成了我後半生的職業。

　　現在我的學生已經長大了，有時遇見他們真是十分高興。知道有的成了教畫老師，和從事各種職業的，都很出色。無論如何我都希望在他們的童年在安逸畫廊留下了美好的回憶。每當我打開照相本，看到學生們可愛的小臉，都不由心裡一番震盪。

火鳳凰

香江歲月
安逸畫廊

創業

　　我是幸運的，很快就找到收入理想，自己十分喜歡的畫師工作。可是大哥明比較難找到理想工作。雖然他有語言天才，能説不錯的粵語，可是還是還有鄉音，也沒有一技之長。去當學徒年紀又比較大，學歷又不被承認。他第一份工作是當苦力，在尖沙咀碼頭當苦力，他們叫這個碼頭「大包米」，對剛剛到香港的新移民多半是從事體力勞動，也許香港經濟下滑，股市從一千多跌到一百多點，百業蕭條。大哥明可能是工作辛苦，也許是舊患，被檢查出肺結核，經常要到醫院打針，當時他十分失落。剛好他碰見一位老鄉介紹他當推銷員，正合他的性格，每天到藥房和雜貨店去推銷牙刷等用品，用腳走遍全香港。幹這一行的叫「行街」誰會想到他的老闆竟然是個瞎子呢？

　　老闆和他的太太都是瞎子，每天早上老闆回公司，瞭解一下公司的業務，他的兩個夥計幫他從外國訂牙刷然後批發給藥房或士多（雜貨店）。老闆就帶上二胡到街道上拉胡琴，聽説每天演奏的生意比批發的生意好賺。我看來不是演奏是行乞。老闆請夥計是包餐，他是個好人，對夥計不錯。老闆娘親自下廚。她只有一點點微弱的視力，蟑螂跑進了油壺也不知道也看不見，大哥明説他吃菜的時候要小心把蟑螂挑出來。老闆還是香港盲人會的會長。那麼當盲人會組織星

火鳳凰

期天旅行的日子我和大哥明都會幫忙做義工。我們在前面領路，後面一個扶著另一個肩膀，一個跟一個一大串慢慢地走。能到外面的公園，盲人們都十分高興。

　　大哥明在這裡幹不久就認識了有興趣從事出入口生意的呂先生，是在香港出生英語很好的年輕人。還有一個從東莞來明哥的前學生，他們三人一起組織一間貿易公司買臺灣嬰兒用品來港批發，後來還有其他的用品。他們幾個都沒有什麼本錢，呂先生借了他姊姊呂姑娘的錢，我也把我僅有的幾萬塊借給大哥明支持他們做生意，雖然我很希望擁有一間屬於自己的房子，那時候我還是住在灣仔待拆舊樓裡，我的朋友也都開始買有自己物業，那時候灣仔合和中心附近的鳳凰閣只售三十萬，這可是我心儀的樓盤。不過「做生意」雖然是出錢買工作做的代名詞，這也是一條出路，我也同意趁著年輕也要試試的，我放棄了買房子的打算。他們起初在彌敦道租了一個辦公室就開業了。他們買了貨，辦公室也沒有地方放，那我和呂姑娘合資買個工廠大廈租給他們公司，再盡力幫助他們。

　　起初他們的生意不錯，可是資金周轉困難。原來貿易批發公司要把貨賒出去最少三個月，三個月後才能收到錢，要是貨賣不出去，有的還要退貨。那我和呂姑娘把工廠大廈再按給銀行讓他們公司資金周轉順暢一點。生意做大了反而需要更多資金，收數難度也很大，特別是過年時候員工要出雙糧，就是多一個月的工資。我的工資高，常常借錢給他們應急。賒數度老闆有的會躲了起來。他們曾經把貨賒給了妙麗公司，我的前雇主，可是想不到妙麗公司因炒房地產倒閉了還遭到銀行清盤。這樣他們收不到妙麗的欠債，只能去把沒

有賣完的貨收回來。過年的時候他們幾個合夥人到處借錢，大哥明的姊姊借出了金子，她沒有現金，說明要還金子。要是金子漲價了，就要高價買回金子去還。有一年他們竟然借了貴利。除了利息驚人不說，那貸款人並非是善男信女。我十分害怕帶了兒女回廣州暫避，希望他們還了債過了年關再回港。可抱著小孩子時他小手亂抓，把我的眼鏡摔破，無奈只好早點回香港，幸好沒有發生什麼意外。

那時候香港剛剛有了超市，能夠大手進貨便宜地賣給市民，這令得很多小雜貨店（士多）紛紛倒閉。走數的走數，關門的關門。最要命的是銀行的逼倉，是因為樓房的價格跌了。我們的工廠大廈按給銀行借了十萬，分期付款。銀行說由於房價跌了就只能借給四萬，你們必須馬上還六萬。不然把工廠大廈拍賣。我根本拿不出錢來，實在十分擔心。由於他們做生意沒有經驗，登記不是有限公司，要是他們公司倒閉的話，連我的一些積蓄也要用來清還債務，我頓然呆了，叫我怎麼養活我兒女？他們做生意本錢少，也由於受到雜貨店（士多）的拖累，又加上銀行的逼倉，他們公司倒閉在即。大家借錢已經走投無路，工廠大廈的拍賣日期越來越近，我焦急得像熱鍋上的螞蟻。我寫信給在美國的妹妹看能不能幫忙，這是我一生人中第一次向人借錢。多虧了妹妹的幫忙，結果我借到錢還清了銀行的債務還買了呂姑娘的一份，全資擁有這層工廠大廈。可是還是挽救不了他們公司倒閉的命運。做生意實在不簡單，他們欠缺法例知識連報稅也弄得不清不楚，雖然是虧本，竟然讓稅務局以有盈利罰了錢。在這其中一切都應該當作學做生意的應交的學費。可是要是他們生意失利的話，我的投資全會泡湯，變成為他們繳

學費。我已經準備要是大哥明被錢債法庭判罪的話，我得獨立養我的兒女。

這時出現了一個絕處逢生的機會。樂信藥廠大老闆林先生看中了大哥明和呂先生的勤快和毅力，把公司收購進行重組，再加了個藥劑師，把原先的貿易公司轉型為來利藥業有限公司。也許可大哥明每月的工資作分期的股本。樂信老闆資金充裕，有管理公司經驗。這才使我放下心頭大石，借錢度日的日子實在太難熬。要是有一技傍身，我不建議年輕人做生意，風險太大了。很多成功的生意人都誇讚自己有什麼能耐，誰會知道他的另一半為他擔心受怕，苦苦地支持一個家，還不知生意能否成功？

來利出產的藥較多，用一種藥也可以不同的牌子，就算銷售在兩家附近的藥房也不會撞價錢。當時名牌的藥當然靠的是響噹噹的牌子，那雜牌的藥靠的是銷售員的能力和價錢的相宜。勤快的推銷員會給公司帶來盈利。經過十多年的努力，大哥明終於把我借給他的公司本金還給我，我也賣掉了工廠大廈，幸好環境好轉，工廠大廈漲了價，可以償還妹妹的貸款。我雖然帶兩個兒女，還能是全職的畫師，這樣在八九年天安門事件以後，香港人大驚紛紛移民，造成樓價大跌，趁此機會我終於圓了做業主的心願，六十七萬買了西貢井欄樹的村屋，能夠使家人改善居住環境，這是我努力工作的目標。由於我每個月的收入是不固定，銀行借不了多少錢，大哥明不怎麼支持我買房子，他把注意力都放在生意上。我只有自己供款，和先租給別人減輕壓力。幸虧還是買了房，不然在以後樓價起飛的香港，買房的確十分不容易。

那時候，幫忙來利印刷藥盒子印刷廠老闆夫婦要移民到加拿大，我跟來利的化學師出錢頂了印刷廠的生意和物業，其實那物業還是我以前的印刷廠，業務由老公和化學師打理，我掛個名而已，生意起初還有點利潤，只是幫來利印藥盒子。但是很快大陸改革開放，印東西還是大陸的便宜，我們的印刷廠很快沒有生意，賣掉廠房和機器便結束了。

　　八十年代大陸改革開放使香港的工業都搬到大陸去，昔日繁忙的工業區變成鬼城一樣冷冷清清，香港慢慢轉型以金融服務業為主。老年人再沒有手工類的工作，有技術的往往要到大陸工作，傳授技術給大陸工人，配合搬廠的需要。洋行賣畫的生意也很受影響。老闆問我願不願意到大陸去開一間畫室，我不願意，因為以孩子為重，當媽的不能離開他們。我在公司負責起樣板為多，每張不同深思熟慮，筆法各異，接到單卻會由大陸畫師完成，不是再由我完成，每張畫的價格不加反減。因此我覺得我也要轉型了。還有個原因是我是累壞了，每天除了洗買菜做飯照顧孩子以外還要站整天畫十多小時的畫，一直工作十多年，有天我突然抬不起頭，脖子十分疼痛，連手也拿不起東西，治好以後我明白到了這是職業病，十多年每天仰著脖子，舉著右手畫畫，用右手大拇指按圖釘幾十次入畫板這樣同一動作，要是不停下來健康一定會有問題。我在八四年在家開始成立安逸畫廊教孩子畫畫，還到藍田區議會教，政府圖書館教畫畫，雖然只是星期六星期天教畫，收入挺不錯，畫師變老師，成功地轉了型。

　　九二年，我們家成功申請到美國移民，來利公司盈利穩定，大哥明不願離開香港，我們在美國買房，我付了首期，

大哥明憑來利的盈利也能供完樓按。本來以為以後便一帆風順度過餘生，可是又翻起一場風暴。

大股東林先生把股份賣給了一位富二代，財宏勢大，有黑白兩道相護，新股東一上臺就把工資較高的老員工炒掉了，包括大哥明在內，想不到創公司的股東連份工也沒有，連股本也拿不回，也沒有人願意買。公司也因為香港政府對藥廠的要求越來越嚴格，廠房要符合國際標準，重新裝修，符合無菌的要求，那時要搬到大埔工業邨。很多小藥廠都倒閉了。大股東要求擴大股本集資，那我們家沒有錢去加股，結果股份被攤薄，就算不攤薄從不分紅，也不能在公司做工，拿些工資，我們家的股份變得像一張破紙，我們的心血就這樣很合法地被吞掉。我希望這時大哥明應該回美國發展，起碼全家人可以在一起。我跟建築商合作買地建房子，成功地賣掉五間房子後，自家建立了一間公司，希望做地產生意，我對房子的圖積、室內設計都很有興趣，可是大哥明的興趣的地方是回廣州，和家人在一起總比不上做生意的野心。我對做生意沒有興趣，建立的公司從此消聲匿跡。

大哥明回廣州和友人建立澤遠兒童服裝公司。起初還是有聲有色的，隨著大陸各種條例越來越完善，也有各種想像不到的社會主義遊戲規則，股東之間的分歧，經營了十年也毫無進展。隨著網上購物的興起，實體店紛紛倒閉。要是沒有什麼出其不意的機會，澤遠也在面臨清盤，創業也只是一場灰飛煙滅的夢，有點收穫時養大了兒女，經過無數的挫敗，交不少的學費，也跟大環境有關，所謂是成事在天，謀事在人，既然盡了力就不枉一生，也不能以金錢論成敗。

火鳳凰

大霧山靈異記

　　大霧山的靈異事件一直在我心中揮之不去，這是我人生路途中最接近鬼神之説，那永遠解不開的疑團還是留作後人去解釋吧。

　　那大概是九〇年左右吧，在香港我是職業油畫師直接接幾家油畫公司的訂單在家工作，但主要是幫忙浪神油畫公司。公司的陳老闆是我第一個老闆也是相交十多年的朋友，剛到香港時我幫他公司畫衣服上的圖畫，當他開了油畫公司我也成了他公司的畫師。也許大家同是游過大海的卒友，大家無話不聊，他畫的大海生動無比，海濤洶湧，也叫我讚嘆。十多年前我還給他介紹我的好友美雲給他當女朋友，雖然他高大英俊，才華洋溢，可是孤寒小家叫人受不了，結果還是告吹了，想不到美雲卻是送他走完人生最後一程的人。

　　陳先生有幸娶了一位有錢人的小姐，人又聰明能幹，英文又好，油畫公司生意不錯越來越大。那時候大陸剛剛開放市場，陳先生自己一人到廣東東莞再開一家畫框廠，準備出口畫框生意。他在大陸很少回香港，有次聽他説在香港大霧山買了一座別墅，裝修出來麻煩，他要回來處理一下。剛好我買了一間村屋，剛剛裝修好了，他和太太都想來看看。他們一看之下都讚我的設計和裝修師傅的手工好。我以前住的廉租屋雖然只有三百呎，我卻能變成像一廳兩房還能當畫畫

室和教小朋友的畫室。他們很想我能幫忙解決大霧山別墅的難題，希望我介紹裝修師傅給他，同時讓我給些設計方面的意見，因為他現在長期在東莞沒時間去管理裝修事務。我對裝修很感興趣，真是從來沒想過有什麼難度。我竟然以為老闆這麼欣賞我的才能，有點沾沾自喜。

大霧山的別墅實在離市區很遠。從我家要坐巴士去轉地鐵到荃灣，然後再坐到川龍的小巴，下了車要走十多分鐘道山路。不過一路上景色優美，特別吸引我這個畫山畫水的風景畫師。這別墅在一個小小的山頭上，要走上兩三層高的水泥的樓梯到了個平臺，那是有兩座小巧的兩層洋房，每層五百呎左右，就是每座一千呎。我向四面一望到處鬱鬱蔥蔥，還隱約好像看到不遠有一棟鄰居的房子。不過離村子很遠。在香港這個寸金尺土的地方竟然有這獨立屋，簡直就是不可多得。

當我進了屋裡一看，不由倒吸一口涼氣，有點不舒服的感覺，窗戶都是黑黑的，被人潑上了水泥。牆壁塗髒了，是被人破壞過的痕跡。這到底是怎麼一回事，老闆沒多說，只是前裝修師傅多麼無良，活沒做完還要搞亂，現在都找不到裝修師傅可以把工程完成。幫我裝修師傅叫亞羅，是我自小相識的好朋友，他的妻子還是我的同班同學。介紹給老闆當然沒問題，一方面可以解決老闆的難題，另一方面讓亞羅多點生意，我也可以有機會玩玩設計，這完全是三贏的局面。我介紹亞羅給陳老闆，讓他們詳談定價。當他們談好了，老闆給我的任務是監工，是差不多等於我三個月畫畫的工錢，就是每天去工地看看，選材料、顏色、質量。我感到無比的興奮，十幾年來每天站著不停地畫，現在有幾個月出門走走

做點有趣的事那多好。人情歸人情，數目要分明。老闆把亞羅的報價單拿出來，要我簽約作準，同時給我開工的首期。

　　當我約亞羅開工，誰知亞羅拒絕了，他不想承接這項工程了，因為覺得是個會虧本的工程，有太多未知的因素，最大的原因是不知前裝修師傅為什麼會破壞，是為什麼沒有錢收？還是什麼原因？有沒有報警？人家會不會回來報復？破壞的程度怎樣？很多現在看不見的問題，不知什麼時候出現？亞羅像個大哥哥勸我別管了，要是我還是要幹下去的話他還是會幫我的，只是他不願意做判頭。根據他們裝修行規來說，是沒人願意這樣收拾二攤。以我的性格都是一直是牛脾氣，從來沒有半途而廢。更何況已經簽了約在先，雖然小女子一個，也知道一言既出，駟馬難追。我把實情告知陳老闆，亞羅不願當判頭，如果老闆同意我照亞羅的定價盡量幫他完成，反正實報實銷。陳老闆簡直求之不得，他的別墅已經丟空很久了，陳太太不願搬去住，他希望裝修好了就賣掉，一切的款式設計都由我處理好了，他信任我。我以為可以幫他的忙，也不知道世途險惡，卻不知道把自己推向浪尖。

　　第一天上大霧山，我帶了些冥鏹。這是我奶奶教導，凡是裝修開工要拜屋的四角，告知天地神鬼，以保工程順利。我檢查水電就發現根本沒有自來水。那有一百多呎的水管不翼而飛，根本接不上水務局的水管。一查之下，原來水管被村子一位老伯拆走了。我馬上買了兩瓶好酒去見老伯，老伯十分氣憤說他幫忙接好了水管就是收幾次都收不到錢，結果就把水管又拆掉了。我再三道歉，還連上次接水管的錢也一起付了，這當然沒在預算之內。老伯見我一個女人家接手這

工程，好像有點吞吞吐吐沒說些什麼。我開始對老闆的作為有點氣憤，真的不明白，陳老闆為什麼要欺負一個老人家。我再花兩三天用鏹水把沾在玻璃窗的水泥弄掉，就看不到被破壞的痕跡，我就像普通的家庭婦女，請人回家裝修。其實請人到這裡工作也是個難題，沒有人願意到離市區這麼遠的荒郊來，特別是有些小工程。

　　亞羅介紹幾個水泥師傅給我來鋪瓷磚，開始一切還算順利。就算那點燈明暗亂閃我都不太在意，也許是有些線路接觸不良罷了。更靈異的是有天油漆師傅在油二樓的房間，工作完了卻房門被鎖上了，這根本沒理由，鎖是新的，是由我叔仔親手裝的，鑰匙在我手裡，房門當然從裡面不可能被鎖上的。油漆師傅害怕極了大喊救命，又不能從窗子跳出去，實在離地太高了，又沒有工具把鎖拆掉。他們擾攘一番，有人去報警，最後門自己開了，四周靜靜沒人。他們油過油漆以後我是檢查過的，有天我卻看見一排排的黑手印從雪白的牆身中間一直到天花頂上，人可沒有那麼高除非站在梯子上。豈有此理！我只好自己出馬去用油漆塗掉這些黑掌印。我從來沒有想過什麼靈異，我認為是有人搞亂。不過我的朋友說，這段時間裝修工人這麼忙碌，要不是深仇大恨誰會這麼無聊？而且刑事毀壞罪名可不輕。

　　直到工程快完成了，我卻收不到尾數。陳老闆一直在大陸不回來，老闆娘說約是我跟陳先生簽的，她不知道。好容易見到陳老闆了，他又說他只管大陸的廠生意，這裡他沒有錢。他們夫婦你推我，我推你的，就是不肯付錢。我不知為什麼，老闆突然就這樣翻臉不認人，我心急如焚，也只好拖著各裝修師傅的尾數，這些人都不是善男信女，開口打打殺

火鳳凰

殺，叫我不知如何是好。但還得最後完成執手尾才能把工程完成。我麻煩了我的一切朋友。由於請不到人，亞羅、亞阜、亞燕等等都是義工幫我修補不足地方和清潔打掃，我老公也在星期天過來幫忙。我真的感到什麼是真朋友。

我終於感到害怕了。那天傍晚我約了鋁窗師傅小修鋁窗開關再付錢給他。誰知我收不到尾數付不了錢。那天他來晚了，七點多鐘才到來，我一直在山上等他，不敢離開。雖然四周漆黑一片，有青蛙和蟬鳴，我卻感到有的寒意。這個凶惡的漢子居然出言威脅，要是我今天不付錢絕難下山。我說我不是老闆，打工女一名。他說管妳是不是老闆，妳請我開工，妳就是老闆！接著粗言穢語，講打講殺。我說我要報警。應該不是我說報警嚇唬了他，他忽然出現一些驚慌的神色轉身就走。我向四周看看，也沒有什麼特別。

第二天清早我到別墅來了，因為在小圍牆內設計了一個花槽，可以放些泥頭也可以把木碎燒成肥料，再種上玫瑰花，當然這活是我幹的了。其實有些是合約上沒有的，老闆不是喜歡的設計嗎？我傻乎乎地加了不少上去。當我經過別墅對面的路邊的石碑工場，我每次經過都跟雕石碑的老闆打招呼，閒聊幾句。這天我實在心情不好，心事重重，老闆看出來了，問我在裝修期間碰到什麼麻煩沒有。我說還好，這一兩天要完工了。他替我高興，說上一手的判頭遇到怪事重重，沒有完成就不幹了，聽說有次工人晚上在屋裡睡卻被人搬到地上。他還說，這屋子就在墓地中間，本村的人絕不會買，雖然是重新再建，也沒有人能久住。這裡見鬼傳聞不斷，想不到我竟能無恙。

我大吃一驚，陳老闆從來沒有透露這事。我明明看見滿山鬱鬱蔥蔥怎會説滿處山墳？我跳過花園的矮牆，到處看望，果然那些墓碑就在亂草叢中，綠樹掩映之下。我以為看見的鄰居房子原來是一座巨大的山墳，一片陰氣瀰漫。當我回到花園又沒有這種感覺了。我認為我本人充滿陽光，看到的也該是陽光。我也不知道有沒有神鬼之説，不過打擾了人家幾個月的安寧也該安撫和道歉。我又買了香燭和祭品，拜天地謝神鬼。告知我只是打工女一名，無意冒犯各位，請保佑我收數順利，從此不再踏入別墅，有問題請找屋主商議。我自覺心安理得。

　　工程完成以後，我約了陳老闆夫婦來驗收，又約了所有該收債的裝修師傅説要出糧了。我把老闆公司、家裡的地址電話印得清清楚楚厚厚一疊拿在手裡。當陳老闆夫婦到了時所有的人都在等他們，他們想不到我把全部工人都約了來，臉都發白了。我鄭重介紹我的老闆陳先生夫婦，我是打工的。今天陳先生會一次把數還給你們，耽誤你們不好意思。要是你們再有什麼問題直接上公司或他家，有問題就到我這裡拿他的位址電話等卡片好了。我的工作到此為止。在我意料之內，陳先生把所有的欠債都還清了，獨有我的工錢欠了一半，叫我回公司拿，後來卻是賴帳。我給他們的帳單看也不看，認為我已經賺夠了。我憤然離開浪神公司，不該為這無義之徒打工。朋友勸我別生氣，以前妳為公司打工是公司的搖錢樹，而且一手交錢一手交貨兩不相欠。開始現在開放了大陸市場有的是畫師，對於這厲害的生意人來説，妳已經再沒有多少利用的價值，賴妳的帳有什麼關係？我心裡想，人在做天在看，無良是會有報應的。

火鳳凰

隨後我全家移民美國，也再沒跟公司有任何的瓜葛。直到美雲到西雅圖看我，我才知道陳老闆的事。在那段時間陳先生夫婦正鬧離婚，陳太太用經濟封鎖，讓大陸的畫框廠沒資金，還派人毒打陳先生一頓。夫妻關係如冰火，不消說是陳先生一定做了對不起太太的事，他卻向美雲夫婦求助，借錢來生產。美雲並不知道他的無良，只知他是我朋友，義氣地借錢給他幫忙使工廠轉虧為盈。不過陳老闆生命已經走到盡頭，他得了末期的癌症。在臨終之前把工廠的股權送給美雲夫婦，總算有的良心還債吧，他已沒有一切朋友，看顧他只有美雲夫婦。他的前妻更對他恨之入骨還要和美雲打官司爭產，美雲真是女漢子，也不屑跟她爭，也不要什麼股權，還給他的子女當做善事。我聽到了十分唏噓，陳老闆一個冒死游過大海到港的青年本來有個大好家庭、事業，然而落到孤身一人淒然離世，是由於買了鬼屋帶來的霉氣，還是在這個金錢社會中迷惑了本性多行不義？但無論怎樣到底是相交一場，在盂蘭節時我也曾為他買個牌位燒個香，以免他成孤魂野鬼。有次回香港，我還故意到大霧山去看看那別墅，那還是一片荒涼，不像有人跡。幾十年過去了，一切恩恩怨怨都隨風而逝，日久見人心其實不假，我十分興幸我有很多好朋友在守護著我，在我最無助的時候給我援手，尤其義氣的女漢子美雲。

西城風雨

隔山買牛

　　一九九二年我接到的美國領事館的通知，我們全家可以到美國移民了。接到這個消息我並沒有驚喜，只是感到很無奈。我愛香港，兩個兒女在香港出生，我們早已把香港當作自己的家。本來在七六年美國已經批准了我和丈夫可以以難民資格到美國移民了，當時我覺得在香港的生活就像魚兒得水，在我們從大陸到港短短的三年，我先生有了自己的生意，我在畫廊工作，是個職業的油畫師，所以我放棄了移民美國的機會。我在美國的父母對此很生氣，很快他們又給我再辦申請親屬移民，這一辦又是排隊十幾年，我一直都沒有把這事放在心上。自從八九年民運的天安門六四事件發生了，還有一九九七年香港就要回歸於中國，我終於下了決心要移民到美國去，我希望我和我的家人都能生活在一個自由的地方，一個不受政治煩擾的地方。

　　我的父母和妹妹都住在三藩市，一個弟弟住在華盛頓州一個叫修頓的小鎮。毫無疑問我應該選擇移民到三藩市。我多次到三藩市探望父母，發現他們居住的那個區的治安不太好。我母親就被人在街上搶了兩次手袋，跟我父母一起住的妹妹老是吵著要搬家。我妹妹說：「妳先來住下來，我們再去找房子」。我去了幾次三藩市，當時的房子價錢很貴，我想要是我跟孩子到美國生活，只靠先生一個人在香港工作，

恐怕很難負擔我們的生活費。父親希望我移居西雅圖，也離我弟弟近點，大家同是華盛頓州。我祖母出生在西雅圖，這又是另外一個故事。西雅圖的緣分，西雅圖的情意結，這也是父親想要我移民到西雅圖的原因之一吧。

當我在香港買西雅圖的房子之前，從來沒有到過西雅圖。當我決定在八月移民，在四月分突然有個機會出現在眼前，我看到報紙的廣告說有西雅圖的房子在香港銷售，還有香港銀行可以做按揭。我跟先生商量一下，就立刻到中環找代理商。他們給我們的資料詳細極了，從天氣、學校、職業，到房子價錢走勢等等，無一不清清楚楚，以當時的價格，在香港只能買七百多呎的政府居屋，但在西雅圖可以買兩千呎的房子，還可以自己挑選房子的形狀、顏色等，這實在是太吸引了。我想這樣我可以全心全意在異鄉和孩子們努力適應新生活，也不用擔心生活費用的問題。其中最吸引我的地方就是當年西雅圖被評為第一位全美國最適合居住的地方，同時西雅圖享有「最具高科技城市」之稱號，雲集著眾多高科技企業，每個名字都如雷貫耳，如微軟、亞馬遜、阿拉斯加航空公司、波音、Expedia、任天堂、T-Mobile、谷歌和雅虎等。從這裡起步的還有把咖啡館開到世界各地的星巴克，以及 Costco 北美大型超市連鎖企業。總部經濟不僅提供了大量的就業機會，同時帶動周邊和上下游產業興旺，律師所、投行和公關公司生意興隆。即便在美國經濟不景氣的時候，西雅圖卻依然能保持活力，磁石一般吸引著無數懷揣夢想的英才。按美國人口普查公布的教育水準城市排名，西雅圖贏得「全美最聰明的城市」的名號，約五分之一市民擁有碩士以上學歷，說明「知識」在這一城市大有市場。當年我

西城風雨
隔山買牛

想我們就像一顆種子，要生根當然要選擇最肥沃的土壤。把兒女帶到這樣的城市來生活不是最好的選擇嗎？當然要買房子選擇地區是非常重要，我準備買房子的地區名叫 Kent，就譯作肯特吧，是一個新開發區，大概就跟香港的屯門之類的新市鎮差不多吧。我當時只是想買自己能負擔得起的房子，其他的都不重要。我自己曾經住過香港的九龍城寨，這是香港最差的區，可是還不是有很多那裡的居民對城寨依依不捨嗎？我想只要習慣就好。同時既然香港銀行能夠做按揭服務，大概也不會差到哪裡吧。

但是我們十分憂慮要是當我們到了西雅圖後那房子還沒建好，我們豈不要露宿街頭嗎？建造商一口答應要是房子沒建好，每天賠我們四十多塊錢讓我們住旅店。他會派出唐人經紀還會接我們的飛機和找學校。弟弟說這裡離他家開車大概要兩個小時，他也會幫忙去看看。但是我們人生地不熟，英語又不好，能在一個完全陌生的地方立足嗎？可是最後還是把心一橫，如果生活在一個完全用英文的世界，沒有依賴，也許很快就會學到一口流利的英文去適應這個世界。再說，西雅圖是我祖母出生之地，好歹跟我們家有點淵源，因此，我們決定買房子移民到西雅圖。

我真佩服自己當日的勇氣，當時我只是憑著一個信念：以前我冒死游泳到香港，身無長物；現在還能買房子，雖然是隔山買牛，相信我們一定能戰勝一切困難的。就這樣移民到一個沒有什麼親戚朋友的地方，就這樣改變自己的一生。日後我們付出比別人多幾倍的努力和栽無數的跟頭，吃盡無數的苦頭，二十多年來，也總算站穩了腳跟，也結交了不少好朋友。更感謝命運的恩賜，憑著勇於嘗試的傻勁擁有了自

己夢想之家，我和兩個兒女都在華盛頓大學畢業，然後都找到了理想的工作。美國 Business Insider 剛剛評出了整個二○一五年全美五十個州中經濟增長最強勁。大大的驚喜，但也在意料之中，華盛頓州憑藉其蒸蒸日上的經濟增速榮登榜首。華盛頓州的平均週工資為 1,073 美金，排全美第二名。所以我至今仍為當初隔山買牛的勇氣而自豪。不過離別居住多年的香港，心中總是依依不捨，香港事、香港情總是魂繫夢中，實在難忘。

祖母的故事

　　父親到了西雅圖很快就習慣了，他是個很獨立的人，只是帶他去坐幾次公車，他就自己一個人乘車到唐人街。他去那裡喝茶，買報紙，最重要是要打聽關於他母親和她的親屬一點點訊息，祖母是出生在西雅圖，她還不到三十歲死在中國廣州，父親永遠無法忘懷她在臨終呢喃自語：「西雅圖……西雅圖……」。小時候的他並不理解這奇異的字眼，長大才明白是祖母無法釋懷的濃濃的鄉愁，她在惦記著西雅圖的親人和這個翡翠之城。

　　我祖母的英文名字叫 Nancy Zhao，中文叫趙連好。她的父親叫趙楚山，是廣東臺山浮石人士，在年輕的時候被賣身到了美國當勞工，後來到波特蘭修鐵路。當鐵路修好了，他便流落到西雅圖。當年由於白人對華人的排斥，華人是沒法攜眷來美。可他卻是一個幸運的單身漢，得到一個印第安姑娘的垂青，建立了一個家庭還開了一家中國餐館，很快他有了兩個女兒，我祖母就是他的大女兒。日子一天天過去，落葉歸根的願望也一天天在纏繞著他。有一天趙楚山終於下了決心結束了餐館帶了大女兒回去唐山，本來他只想先回去看看再把妻子和小女兒帶回去，可是卻是一別天涯，再會無期。

火鳳凰

許多美國歸僑，大家口中的金山亞伯，一定先買田買地，而趙楚山第一件事是先安頓女兒，把她嫁出去。他委託了許多媒人希望給 Nancy 找戶好人家，可是 Nancy 的腳並不是三寸金蓮，在美國從來就沒有纏足這回事。在當時這種女人是不可以當大戶人家的正室，就只好做偏房。同時 Nancy 又只會英文和一點點的臺山話，這真叫做父親的操透了心。終於他把女兒嫁給了我祖父袁智新做填房，他對這位女婿很滿意，還送了很豐厚的嫁妝，以為了斷了一樁心事，可以回美接妻女，可是天意弄人，他真的落葉歸根死於故土。

　　我的祖父起初在香港洋行打工，所以會英文，後來也做些生意，也算是富裕之家。當祖母入門以後既不會女紅，也不會做菜，更不會當家；尤其是她那未經束縛活動自如的天足，那些跟唐山人士格格不入美國印第安的奇怪習俗，常常是三姑六婆茶餘飯後的笑柄，讓人家看不起。祖母 Nancy 一共生了三個兒子，我父親是二兒子。祖父生意繁忙，後來還娶了三姨太來幫忙家事。祖母 Nancy 飽受譏諷多年，卻連個能吐心聲的人也沒有，結果患了嚴重的抑鬱症終日臥床不起，以淚洗臉，呆呆地瞪著天花板，喃喃念著「西雅圖……西雅圖……」這無人懂的字眼鬱鬱而終。

　　我父親記得一個表哥（是他媽媽在西雅圖的妹妹的兒子），到過廣州來看望過他們。當時表哥還年輕，在西雅圖華盛頓大學念書，後來失去聯繫。因為祖母去世的時候，我父親只有八歲。年老體弱的父親在唐人街走進一家家華人公所──廣東同鄉會、秉公堂、至孝篤親公會等等，連我也幫忙替他打聽，雖然他不死心，仍然期待著為他母親悲傷的故事尋找一個完滿的結局，可是往事如煙，豈有半點痕跡？

我把祖母的故事用英文寫了發表在一九九九年由我的大學 North Seattle Community College 出版的 *The Licton Springs Review*，同時祖母的故事還刻了在唐人街圖書館的玻璃上作為永久的紀念，我還是希望有一天會讓親人看到這故事找上門來給我們認親呢！

兒子被丟了

　　好不容易把家弄得像個樣子，這時已經快十月中了，學校早已開課了。怎樣讓孩子上學，我們都沒有頭緒，連學校在哪裡都不清楚，只是讓我弟弟幫孩子們報了名。我還託他打電話給學校，學校要求我們一定要帶孩子打過的針紙回校，不然不能上課，可是我女兒的那份針紙放在那貨櫃的託運行李裡了，要等搬運公司找時間送來，由於房子沒建好，送貨的時間就改變了。雖然我很著急孩子們上學問題，可是有什麼辦法呢？只好等託運的行李到了再說。我跟孩子們說，不然你們明年再去上學吧，先熟悉一下環境，讓英文說得流利點，不然怎去上學？

　　我們每天都為生活的瑣碎事奔走。譬如說買菜，那些菜從來沒見過，也不知道怎麼去煮，因為這裡離唐人街很遠，沒有機會買到唐人菜。不然就買些罐頭回家，可是不懂英文的我居然買了給狗吃的香腸罐頭，現在回想起來也覺得好笑。還要申請水、電、煤氣……雖然房屋經紀人處處給我們援手，這些對於不懂英文的我們都是頭痛的問題。再加上我們的車子被撞壞了，修車、看醫生、找律師等等都忙得一塌糊塗。

　　可是有一天突然來了兩個不速之客。這兩個老美很激動地哇啦哇啦地講了老半天，我還是一面茫然，好容易我女兒

才使我明白，他們是我們這裡教育處的負責人。他說，妳不讓孩子們上課是違反法律的，妳一定要孩子們馬上上學，一刻也不容緩！能讓孩子們立刻上學，我當然是喜出望外。他們就要我們立刻跟他們走，上他們的車帶孩子去醫院打針，因為防止我們從外國來會帶什麼病毒傳染給學校的孩子。對於這些陌生人，也不容我有半點懷疑，只有選擇相信。打完針以後，他們帶我們回家，在我家的街口指出兩個地點，說是明天就有校車來接，你們就準時在這等校車好了。他們還留下了他們的卡片和要交給校車司機的紙條。我真開心極了！一下子就解決了上學的難題。可是想不到，上學的第一天就意外地轟動整個校區：我兒子被丟了！

第二天，我把孩子們送了上校車，到接放學的時候，卻沒有接到我兒子。天哪！原來校車司機把我兒子不知放到什麼地方去了。這裡都是新開發區，很多路在地圖上還沒有，司機大概就弄錯了。司機已經嚇壞了，馬上到處去找，我幾乎瘋了，打電話給昨天留下卡片的人，不會說完整一句英文，只會哭著說：「No see my son.」我兒子在香港剛剛是小學畢業，來美國只是一個多月，英文當然只是有限同時連這裡的東南西北還分不清楚，也背不出地址來。教育處和學校都派出人來找，因為丟失了一個學生不是件小事。我先生馬上開車出門在附近轉來轉去，希望能夠碰到兒子，可是大家找了大概兩小時也沒有找到。天也快黑了，我急壞了也不知道應不應該報警？

經過了難熬的多個小時，我接到一個中年婦女的電話，她問我的地址，說是要把兒子送回來。謝天謝地，臨來美時我臨急抱佛腳學的靈格風英語九百句還管用，不然人家連幫

火鳳凰

忙也還幫不上。過了二十分鐘左右，兒子到家了。原來那校車司機要我兒子下車以後，兒子一看不像自己的家，就一直站在原地，看著其他同學都回家了，他不知怎麼辦，也不知道該問誰。要是現在有了手機，也沒有這種問題了。有個小同學看見他怪可憐地站在路邊，便把他帶進一間廢品收集站，我兒子就在那裡呆呆地等了半天，終於有工作人員發現他是個走失了的小童，於是問了我家的電話，把兒子送回家了。我這時鬆了口氣，千謝萬謝人家了。

這時我家很多貴客臨門：學校的、教育處的、司機等等，大家都要親眼看到我兒子在家才作實，也許跟我是太難溝通了吧。我很感激他們，我覺得，美國對孩子們的教育是十分重視的，各個部門也很盡責。要是這事發生在香港，那只是校車司機一個人的責任罷了，學校和教育處哪會幫忙找孩子。這裡普遍的居民都很樂意助人。雖然在異鄉，我仍然感到很溫暖，同時我暗暗下了決心，無論如何也要盡快努力學好英文，不然怎能在美國生存呢？

本來兒子跟女兒都要重讀多一年，後來我女兒從香港中學寄來成績單，她的成績還是可以的，所以不用重讀多一年，可是兒子在九月分以後出生，那無論如何也要讀多一年。還有一件事是令我很感動，不久一個漂亮的小女孩做了很多麵包和她的媽媽來我家，她是兒子的同班同學。她說，我兒子很可憐，中午沒有麵包吃，所以要送他一些麵包讓他中午有麵包吃。她不知道，我兒子只愛吃飯。這時在這個區的亞裔只有百分之三，不像加州和紐約，所以我們這些新移民都會叫他們奇怪。我笑話兒子，是不是這小姑娘喜歡你呀，可惜的是，現在兒子已經根本記不起她的樣子了。說得

也是，初來美國時，我們看老美好像都是一個樣，跟老美看我們、韓國人、越南人、中國人都像一個樣，沒有多大的區別。事情一晃就是二十多年，這孩子上學的第一天依然歷歷在目，我現在還不能忘懷。

考駕駛執照成惡夢

　　新房子的事終日令大家牽腸掛肚，終於熬到了收房子的那天，但當弟弟把我們一家送到地盤，這真叫我們傻了眼，我們的房子正在興建中，看到的只是一個架子，到處都是煙塵滾滾，只是一個剛剛開發的地盤。原來這裡只有兩三家真的是從香港移民的，其他買房子的香港人只是投資的，房子建好了以後他們是打算出租的。我們只有返回兩個多小時車程的弟弟家暫住。眼看九月已到，孩子們應該入學上課，我們不禁心急如焚，欲哭無淚。雖然建築商承諾給我們每天四十五塊錢去住旅店，當時兒子要念小學，女兒念中學，沒有車子，也不能把兒女分別送到不同的學校，弟弟住得太遠實在幫不上忙，看來我們當務之急是買一輛車子。

　　這看來挺容易，我先生有國際駕駛執照，我們以為買一輛車開回去就是這麼簡單。可是當我們付了錢，車行卻不讓我們把車開出去，因為我先生沒有華州駕駛執照。那麼我們唯一的出路就是馬上考取駕駛執照，而且只許成功不許失敗，我先生雖然有十年的駕駛經驗，可是香港開車的方向盤在車子的右邊，而在美國是在左邊的，他未必很快習慣，所以壓力很大，可是全家都把希望寄託在他身上了，總算他不負眾望，一次考上執照把車子開出來了。接著我也應該考個車牌，本來我以為是件挺容易的事，考筆試可以用中文考，

我考一次就通過了，我從來念書成績優異，沒有什麼考試可以難倒我，可是說起來挺丟人，我竟然考路試卻考了五次才合格，每次都是膽顫心驚的。

在弟弟家住的時候，弟弟找了一位美國朋友教我學開車。我學得挺快的，也許美國的教育方法是善於鼓勵人，也由於這個小鎮沒有多少車輛，經常有小鹿出現在車道上。反而我先生教我開車最難，可能是他緊張我，對著我有點恨鐵不成鋼，我常被他唬一唬就變得昏頭昏腦。到了考開車執照的那天，我是挺有信心的，當我把車開上小山坡停在停止牌子的前面，看不見左邊的車，又開前一點，看見有車來了，又停一次，這是考牌的標準動作。可是我後面的大貨車以為我是開車了，一踏油門就撞了上來，可憐我那只有一星期的新車就凹進去了一半。我可嚇壞了，全身在發抖，也不知怎麼辦？我丟下不知所措的先生，哭著跑去弟弟家找我弟弟幫忙。弟弟來了就跟撞我車的老美交換了雙方的保險公司的號碼，等由律師解決。

可是我還是要去考行車執照呀。當我開著這麼一輛破車去考試，考官嚇了一跳，他說：「妳的車能行嗎？」我說：「讓我試一試，那車尾燈還能亮」。考官說：「妳試一試把車向後退一下。」我不知怎的一下子就把車撞上了個垃圾桶，那麼考試還能及格嗎？當時我以為我不會害怕，誰知我兩腿是抖的，回家脖子痛得不能起床。這撞車的後遺症一直在纏繞著我，只要一坐上車，我的腿就會不停地自動發抖。第二次還沒開始考就不合格了，原因是考官說要我指出危險時的開關掣（Emergency Brake），我不知道他說什麼，因為我的老美師傅說是（Hand Brake）手掣。這輪到考牌官害怕

了，他說，妳連英文都不會，我怎麼敢坐上妳的車？他大筆一揮：回去學英文！

後來我搬去新房子住，再正式找了教車師傅去學開車。也許是撞車的後遺症吧，也由於先生回香港了，自己感到壓力太大，一上車就膽顫心驚的，最後還要找醫生幫忙克服恐懼症。有很多次我都打算放棄，可是在西雅圖生活沒有車實在不行。全家的食物、用品都要靠我一人去購買，冰天雪地的，我推著一輛手推車步行到超級市場買東西，老美都覺得非常奇怪，很多好心人開車經過停了下來問我要不要幫忙？同時我兒女很多校外課程我都不能送他們去。這裡的公共汽車不多，沒有車子，真的像是缺少了腿，為了全家人，我下定決心無論如何也得考上。

我請了個教車師傅王先生，是一位很耐心的老人家。可是一上車我的腿就不受控制地發抖。教車師傅說，妳自己這樣害怕，連自己都控制不好，怎能控制一輛車？所以再去考兩次都失敗了。教車師傅又把我帶到唐人街的考場，他說這裡可以用中文考路試，可能使妳沒有那麼緊張。考官是個年輕漂亮的 ABC（是美國出生的中國女孩子），只見她一上車，從她的美豔的紅唇吐出嬌滴滴的一聲「哈秀賽」，我當時呆了半天，完全不明白她講什麼，不知是什麼語言，腿又發軟了，心裡想，這次又完了！我說我不明白，還是用英文吧。她用眼瞪了瞪我，妳不是說要用中文考嗎？後來我才知道她用臺山話說「打手勢」，原來在美國能說中文的，可能是臺山話，我根本不會聽。也不負我多次的努力，這次終於成功拿到了執照，可是我就是對開車有恐懼感。原來開車不是每個人都適應，特別是我個神經緊張，又沒有方向感的

人。就算有了駕駛執照，我連東南西北都分不清楚，我再要師傅補鐘去開到飛機場的路、到孩子的學校、開到唐人街等。師傅再三鼓勵我，妳一定要自己練習，要靠自己了。所以我每天都在強迫自己，上車時嘴裡含著一塊糖，讓牙齒不要打架，旁邊的位子上放個枕頭，就像有人坐在旁邊，每開一次車就像打了一場架，全身肌肉緊張、痠痛，尤其經歷幾次車禍以後，我開車更緊張，鬧的笑話可多了。

不過後來，居然也成了兩個孩子的教車師傅。先是我的孩子在學校學開車，我必須要陪他們外出練習，直到他們有足夠路面經驗，等到考到了駕駛執照，才能放手讓他們獨立開車，因為孩子開車發生意外特別多，所以保險費特別貴。我陪他們練習開車每次都嚇得半死，因為我實在太緊張了。就這樣一晃就是二十多年，現在他們開車都比我好多了。不過直到現在，我先生始終不明白，他開車是一種享受，我開車怎會是感到像是在受刑？

火鳳凰

駕車鬧笑話

　　很多搞笑的小品都提到上年紀的亞裔婦女駕車的笑話，這是真的，我駕車鬧的笑話可真不少。不知是不是大多數的女人天生不太喜歡駕車是由於對車的性能不熟悉，不喜歡快的速度，沒有方向感，反應遲鈍吧？總之駕車是我人生一大挑戰。到美國這些年來，我每天都在強迫自己，挑戰自己，我的笑話中可都有淚。

　　記得剛剛拿到駕駛執照時我還不敢開車上高速公路。我認識了第一位好朋友西蒙鼓勵我，而且坐在我旁邊陪我開車上高速公路，我真是遇到貴人了！以我當時的水準，我不知道他當時有沒有直冒汗？我把車開到半路，我感到頭昏腦脹，心慌腿抖，幾乎支持不下去了。我對他說，我不能開下去了，能換人不？於是我在高速公路邊停了下來，讓西蒙幫我把車開回家去。這還不算，我還在高速公路上停車擦玻璃窗呢。因為那天天氣很冷，我開車在高速公路上，車的窗戶一片濛濛的水氣，我看不清，我不知道開了暖氣同時也要開冷氣的開關，這樣才不會在車裡面有水氣。這時我只好把車停了下來用抹布擦玻璃。這時員警來了，他以為我出了什麼事，看見我在擦玻璃窗簡直哭笑不得，叫我馬上把車開走，也許他從來沒有見過這樣的傻瓜吧。後來我打電話問教車師

傅，他要我看熟那本關於車子性能的書。天哪！都是英文，它懂我，我可不懂它！

在西雅圖的住宅區房子都是一兩層的，不在市中心就沒有高樓大廈。在黑夜裡路燈暗暗的，我看房子幾乎都是一模一樣。那時候開車就憑著地圖，要是迷了路，在街上找個人問路也不容易！就算人家告訴了我，就當時我的英文水準我也聽不懂。我怕找不到家，就在我家的街口上貼上了會在黑夜裡閃光的牌子，好讓我能找到家。

有天晚上，有位新朋友邀請我們到他家聚會，這真叫我喜出望外。我很希望認識一些中國朋友。我對這個城市一無所知，無親無故，帶著兩個小孩，老公在千里之外，要是出了什麼事，叫我如何是好？出門一定要靠朋友就對了。那天我帶了兒子去應約，他家也有跟我兒子年齡相仿的孩子，老的老，小的小，在異鄉相識大家聊得很開心。回家的時候已經是夜深了。我萬分小心開車回家，可是一輛車一直跟在後面，突然閃起燈來，我更慌了，也沒有停下來。馬上這車響起警號來，是員警車！我不知做錯了什麼？急忙把手放在方向盤上停了車，要讓員警知道我手上沒有槍。要是我把手放到下面，員警會拔槍，他會怕我有槍對他不利。他對我說了一大堆話，幸虧有兒子在，雖然他只是小學程度，他聽明白了，這員警說我開車不是走直線而是歪歪斜斜的，他懷疑我是醉酒駕車，他已經跟了我好久了，可是我看到警車亮燈也不馬上停下來。我讓兒子替我翻譯，我是新移民剛剛拿到駕駛證，在每個路口我都放慢了速度在找我的家。這員警真是個好人，他看著這個慌慌張張結結巴巴的我，警告地說，妳

要練習多開車，熟悉了再把車開出來。也許他從來沒見過有人像我這樣開車的，這個亞裔女人簡直把員警笑壞。

我泊車更糟糕，當我開車到了中國城街道上，我費了九牛二虎之力找到了車位但是卻泊不進去，來來回回地堵住了整條街道。終於有人忍不住了，跳下自己的車來幫我泊車，像這種事經常發生，幸好沒碰見壞人把我的車開走。有次到兒子學校開家長會更加是笑話，我把車大咧咧地停在校長的車位裡，因為我根本不知車位上的英文寫的是什麼，只是見了空位就把車開進去了。我自己上學的時候也經常把車停在工作人員的車位上。我不知道是不是人們包容我是不知者不罪吧，我從來沒有接過罰單。倒是我學了英文後才感到羞愧，才知道自己在鬧笑話。

然而開車鬧笑話總是層出不窮。有次我開車在一個十字路口進錯了車道，當時進退兩難，不知如何是好。我靈機一動，自己走出車外，像個交通指揮員指了指我的車，然後向四面鞠躬，這招可厲害，大家明白讓開讓我的車開出去。幸好那時候還沒有蘋果手機，不然給人錄像下來放在網上可笑話了。

我開車最怕是在黑夜上錯了高速公路，不知道走到哪裡和怎麼回家？有次跟兒子出門走錯路了，我嚇得一邊開車一邊在哭，幸虧兒子在安慰我，他說，媽，等我會開車了，有我在，妳就不用愁。這是我這輩子最中聽的一句話，我終於鎮定下來去找路。兒子的話我一直記在心頭，想起來心裡一陣暖意。

到現在我開車開了二十多年都沒有長進，幸虧我有自知之明，在裝修我現在的房子時在車房熱水爐前面種上了兩根

鐵柱，就算我踏錯了油門也不會把車開進屋子裡去。而我的租客竟然把車從車房開進洗手間，把舊房子撞壞了，到底還有人比我更糟糕！

　　無論我是多麼不喜歡開車，可是車是我的腳，有腳就能走天下，沒有人會恨自己的腳，對嗎？要感恩才是！

上學去

　　當孩子們上了學，兒子要多念一年小學，因為出生在九月以後。女兒直接上高中了。我也很迫切需要讓自己也去上學，要是不懂英文，真不能在西雅圖生存！這裡的中國人不多，不像紐約和三藩市，或者溫哥華，可以用中文買東西。在我們這裡，就算看到黑頭髮黃皮膚的，你講中文的話人家不一定會聽。越南人、韓國人、菲律賓、泰國、柬埔寨的移民都很多，不講英文簡直行不通。我對西雅圖一無所知，我在朋友處找些在西雅圖有親友的便向他們四處打聽要上學的資料。有人給了一個電話我，讓我打電話過去問。接電話的人只會幾句中文，她接著用英文問我，然後告訴我學校位址，説我可以上學了。我就糊裡糊塗地走進了只有三個月課程的為移民所設的職業訓練學校。

　　我滿心歡喜，因為人們告訴我，這學校只收會懂點英文的學生，並且來了上課政府還有錢補助。可是一上課，我才知道他們太抬舉我了，我的英文水準實在跟不上，我只會一點點口語，還只是在移民前猛攻了一下子。老師很好，教會我很多很實際的在美國的生活常識，譬如怎樣見工，有什麼權利，去看醫生，乘車，買東西，美國文化等等。雖然這學校在西雅圖的市中心，我每天乘公共汽車幾乎花了四個小時

在路上，我還是樂而不疲。我還有機會認識許多同學，後來我們成了朋友，直到現在我們還有聯絡。

可是三個月的時間太快結束了，結束前有一個考試，有的可以再上全日的職業訓練學校再學習，如簿記、醫生助手、藥物助手等等，其他的可以被介紹去當工人、包裝、賣東西、酒店清潔員等等。讀書是我最大的夢想，可是我被介紹到一家速食店賣飯菜，這叫我很失望。不過我還是想嘗試在美國的第一份工作，我在香港當了二十多年的畫師、老師，我沒有其他的工作經驗。我只幹了一個星期就辭工了，原來這工作不是月薪的。當顧客比較少，老闆就要你回家了。有時只幹了有兩個小時就被要回家，同時我感到在這家速食店做工沒有被尊重的感覺。重回學校的念頭一直纏繞著我，以前念書科科學業優秀，一場文化大革命奪取了我念大學的權利，真的心有不甘。不過猶如天助，一個意外，讓我進了綠河社區學院（Green River Community College）念書。

那天我正在練習開車，開到一個像個辦公室的地方停下來想找個洗手間。當我正在東張西望的時候，有個年輕的姑娘把我帶到一個地方給了我一張表格，我是啞子一個根本不知所以言。我拿了表格回家給女兒看，她說是這社區大學有ESL 的課程，這是讓英語是第二語言的移民去學校念書，而且是免費的。我喜出望外，我根本想不到不懂英文的人可以到社區大學念書！我第二天馬上到學校報名。這家大學離我家只有十五分鐘的路程，在 ESL 班上課的都幾乎是來美不久各國的中老年人，有的記性不好，有的是來混日子的，大多學習熱情不高。我們的老師可耐心極了，就像教小孩似的，答對了給顆糖，學期完了老師還發些獎狀。就算有些私人問

火鳳凰

題由於不懂美國的法律，當出了麻煩事學生不知怎樣去解決，老師就像個朋友一樣給出主意和幫忙找辦事的機構。

這些日子我好像又回到了童年，而且十分享受當學生的感覺，從此以後，我念書的熱情一發不可收拾，我搬到北西雅圖以後，當孩子都上學了，我也第一時間就讓自己進了北西雅圖學院，主要目的當然是學好英文。北西雅圖學院有很多 ELS 的課程能夠循序漸進銜接到大學的英文課程。入學第一步當然是考試，除了考英文以外還要考數學，我想學數學沒有多大用，可是學校的導師說，要是我成績好可以有獎學金，可以免學費繼續學下去。我一聽當然喜出望外，我小時候數理化的成績一流，做起功課來就像玩遊戲，由於文化大革命，我卻失去了上大學的機會，始終是我一生的遺憾。我開始決定要重新念書，去圓我的大學夢。

對比綠河學院來說，北西雅圖學院嚴格得多了，由於在位於市區和歷史較長，校園比較陳舊。考試的時候要一一對好了證件才可以進入試場，當然時間一到就要收試卷，根本不像綠河學院有出貓的機會。海外的學生都不願意選擇這間學校，因為一般都要上多幾個學期的 ESL，這專門為海外學生設計的課。對於我可是件好事，可以把英文基礎打好一點。考數學時導師讓我考算術，我考的成績不是很好。我要求他們讓我考代數，他們說，妳算術的成績不太好，怎能考代數？我再三要求給我一個機會，我覺得不是我的數學不行，而是我不太瞭解英文文字題的意思，我終於說服了他們讓我再考。雖然沒有念書幾十年了，我依然清清楚楚地記得各種方程式，最後以好數學成績通過入學試。在大學的數學課我一直拿最高分 4.0，以彌補我其他學科的不足。

我是屬牛的，一股牛脾氣，決定了就絕不回頭。這時我決定要畢業拿個ＡＡ學位，是相當於副學士學位。想起來在北西雅圖念這幾年書過的真是苦日子，因為我拿了獎學金，我每科的成績不能少於 3.0，最高是 4.0，要是低於的話，獎學金就要取消，也不能在考試時候把課停掉，等下一個學期再重來。每個學期最少要拿十五個學分，一般是三個科目。因為學校的獎學金是給努力念書的學生，並不是給蠢人和懶人的。我每天除了應付功課以外在學校找到一份托兒所的工作，每星期可以做十個小時，還有一大堆家務事，天天接送兒子上學放學，因為他由於跨了學區所以沒有校車。還有個留學生住在我家，要管他吃喝的。買菜煮飯都不在話下。這其中的辛酸和壓力真不可向外人道。老實說，要是告訴別人我熬得多苦，也多半得不到別人的支持和鼓舞。「妳真自找苦吃罷，還不如多打幾圈麻將更實在」。我的麻雀搭子們都這麼說，還把我當作笑話。其他人都不明白我為什麼臨老學吹打？唯一給我鼓勵的只有老同學青，至今我還是對他深懷感激。

　　青是名副其實的老同學，當年我念書的時候認識他，他大概快七十歲了。滿頭白髮的他，容光煥發地背上個小背包每天都準時上學去。他的英文說得不怎麼流利，但他能寫得一手好文章。我們的老師都常常稱讚他。他來自中國大陸，從他給我的卡片看來，銜頭真不少呢，在我們學院念英文的老人家也不少，特別是要考入籍試的，但是要上正式兩年制的大學老人也沒有幾個。但是青卻得到了獎學金去上大學，這真叫人佩服。

記得那一次，老師叫我們找一首中國的詩在大會上用中文和英文朗誦。他選了這麼一首詩使我至今難忘：「八十猶種樹，旁人莫笑痴，誰知何日死，幸得無先知。」這就是說，要是有心不怕遲，如果長壽的話，八十歲才種樹也說不定還能嘗到碩果呢，因為幸虧沒有一個人能預知活多久。在他的眼中，我簡直是個年輕的小妹妹，所以，什麼記憶力衰退、老眼昏花等等，都只是個藉口，只要你努力，那麼跟年輕的同學沒有兩樣。他說，一個人年紀大了，生活經驗豐富，寫起文章來言之有物，所以應該寫得比入世未深的青年人好。他常說，我們移民到美國，就應該像個新人從零重新開始，去學習去接受新事物，如果改變不了環境，但能改變自己，去適應環境，這才是做人之道，生存之道。他的鼓勵成為了我的座右銘，每當我覺得實在太困難了，想要放棄學業的時候，我總想起他，想起了他的好學精神，想起了他敢向生活挑戰的勇氣。我會重新振作起來，永不言敗去圓我的大學夢。

　　上英文課對於我倒是不太難，我挺喜歡寫作，老師可以允許我用字典，包括考試。這可有笑話，老師發現我的詞語用得很深，他說，這是在古典英國文學才出現的字眼，現在在美國已經沒人用了，他問我，妳怎麼會用？我說，當我想起一個中文的詞，就查中英字典，字典裡出現幾個同義詞，我就隨意選了一個，想不到已經過時沒人用了。可是一個來自中國的老師居然說我抄人家的文章，我氣得投訴到主任那裡去，我從小就喜歡寫文章，抄人家的有什麼意義？我碰到過許多中國來的老師。這些老師幾乎不願意用中文跟我交談，大概會怕引起其他學生的誤會，對我也是特別的嚴厲，

他們卻不明白在異鄉能碰到個同鄉，我是覺得十分親切，原來卻是處處碰釘，反而美國老師更加耐心，特別是來自其他國家的，雖然他們有口音，知道大家困難之處，再三講解生怕同學不明白。

我感到高興的是，我的祖母的故事〈A Woman Who Comes From Other World〉和詩〈Fishes〉小魚歌被選入一九九九，二〇〇〇的校刊印成了書出版。真要謝謝英文科系主任，是他不斷地給我鼓勵，從寫故事到寫論文，每前進一步都是跟老師們的循循善誘分不開的。

我感到最困難的反而不是主科。如果要畢業，要選的科目就像一張菜單，要在裡面選科，什麼地理、歷史、衛生之類通通叫我發愁，要背一大堆英文單詞，能默出來才能應付考試。這些考完試就會通通忘掉了，不過念過了，能聽得懂人家說這方面的事情。不過沒學過的比如地理、英文地名，我現在還搞不清這國那國的。應該還是基礎打得不夠好，這跟別人從小就學英文當然有區別。

我在北西雅圖畢業那年，我老爸比我還高興，他那一代，六個兄弟姊妹都是大學畢業，在工作上都有建樹，我叔叔還是清華大學有名的教授，可是由於文化大革命，我們這一代沒有幾個能上大學。後來我念完了華盛頓大學，他已經不在了，要是他知道我們家終於出來一個大學生，他一定會笑得合不上嘴。

我的導師讓我試試報考華盛頓大學，我也願意試試，我想知道西方的藝術跟我們東方的有什麼不同，雖然我畫了二十年的油畫，藝術的領域實在太廣了，除了單純畫畫以外，還有雕塑、工藝美術、時裝設計、首飾設計、卡通製作、房

火鳳凰

屋設計、花園設計林林總總。在我一生中有這麼一個機會的話，實在不可多得。四年雖然我的英文水準可能跟不上的，我決心要試試。我已經入了美籍，而且已經拿到了北西雅圖畢業的文憑並且成績不錯，那我不需要再考英文入學試。

我寫了一篇文章去華盛頓大學申請藝術系，我說，我萬分愛好藝術，可是由於文化大革命使我失學了，重返大學是我的夢想，雖然年紀大，我會加倍努力在美國實現我的夢。同時把我在北西雅圖學院和綠河學院念過的科目成績，由學校送到華盛頓大學，我的平均分還有 3.6，雖然有個別的學科不一定都會被華大承認，但也達到入學的標準，想不到我這個老學生被華盛頓大學取錄了！還居然和我兒子、女兒是同學呢！

在北西雅圖學院念書這幾年的艱辛真沒有白費，我真是衷心感謝所有的導師、教授和同學青，和美國政府給我的機會。只要努力，就能實現夢想，這就是美國夢的實質意義。

當我接到西雅圖華大入學通知時簡直是喜出望外，還有獎學金。其實獎學金來源可以有各種各樣的，比如有的是給少數族裔的、給上年紀女人的、給重返大學的……只要不怕麻煩去申請。在華大念書的兩年多，跟異國的年輕人混在一起，特別是那些不修邊幅，標新立異的藝術系的學生，在華大的學生生活是太有趣，卻有點瘋狂。很多大膽創新的意念是我這個來自東方有點保守的女子從來想也沒想過，我的作品居然不好意思展示給我的同胞，現在回憶起來，在夢裡也會笑出來。

校園景色十分優美，我們的美術學院和音樂學院，這兩座建築相對著屹立在小丘之上，彷彿是守護校園的兩位文人

雅士。那十八世紀的古色古香的雕刻：畫具、筆、樂器……分別在兩座建築物之上，就很容易令人分辨出那個是美術或音樂學院。從這兩個學院中間的樓梯下去是一條筆直的通道直通校外，通道的兩旁綠草如茵，種滿了名種櫻花。這些櫻花都是從日本運來的，每到春天，櫻花含苞怒放，這簡直是個花海。不少名家的雕刻就陳列在校園之內，如果到西雅圖旅遊，這絕對是一個不可缺少的景點之一。兒子念的是電力工程，他們的學院是全校最新的，是微軟蓋茨為支持學校蓋的，也是為他們公司培養人才。但仍然保持著古典建築的式樣。華大的醫學院是世界有名的，華大醫院就在學校的隔壁，有最新的醫療設備，能進醫學院念書的學生已經非常不簡單！

　　我想我是這個系中鬧得最多笑話的一個人，也是唯一的一個中國人，還是中國大媽。當然來美國留學的亞裔是沒有一個念藝術的，因為大家認為搞藝術是不賺錢的行業，亞裔一般都比較現實，去念醫生、電腦、工程、律師的好了。我對機器是白痴不在話下，手無縛雞之力，我使用電鑽就把鑽嘴弄壞了幾根，因為氣力不夠和方法不對。我不好意思買了些新的想賠給學校，可買也買錯了。這些事幾乎是每個學生都不用教的，他們從小就已經學會。我雖然讓教授哭笑不得，但他覺得我好學可嘉，還派個韓國助手經常幫助我，生怕我用機器出意外，這個韓國人跟我很談得來，我還以為他只是個幫工，後來他要回國了，給我卡片請我到韓國找他，原來他是韓國的教授，是個交換學者。

火鳳凰

　　開始時我還不知道怎樣去選科，我上素描班的時候遇見一位來自中國的老師，只上了他兩節課他就建議我選別的班，下課以後他跟我談了好久，他告訴我中西方文化藝術有很大不同，由於我畫了二十多年畫去賣，走的是商業路線，可能想法方面已有很固定的一套，不太容易接受新鮮事物，我接受他的意見選了雕塑系。他是個很值得尊重的老師，對我的幫忙很大。

　　我對雕塑系不太瞭解，我以為把木或者石頭雕個什麼東西而已，誰知要學的東西可多了。不但是學設計的意念還要學木工、金工、鉗工、泥水等等，要和機器打交道，並不是坐在課堂上輕輕鬆鬆設計什麼東西，然後交給工人去做，而是要自己出馬，自己去完成。當我到了雕塑系的工作室，叫我大吃一驚，所有人都髒兮兮的，全身是灰塵。這裡有各種機器，不要說是英文，很多我連中文也叫不出名來，有什麼用處就別說了。還有個燒著熊熊烈火的大熔爐，用來鑄造金

屬作品。原來做這個金屬作品先要做個蠟的模型，再用沙子做個沙模把這蠟模包住了用火來燒，把裡面蠟燒融了流出來以後再把銅燒融化灌在沙模裡面的空間，最後打開沙模把銅作品拿出來打磨，拋光……這就是上大學嗎？就跟在工廠裡當個工人沒有分別，我真覺得有點後悔：我到底有沒有選錯系了？我起初只是硬著頭皮頂上去，卻越來越覺得開心，覺得雕塑比畫畫更廣闊，我們用的材料不單筆和紙，我們可以用任何材料，我們的作品不單擺在室內，還可以在任何地方，可以在天空也可以在水底。

我在學校還要修讀西方美術史，在考試的時候在銀幕上打出一張畫，就要馬上寫出年分、畫家、派別、時代背景、你的看法等等。要命的是英文的寫法、串字，就算能看字典，是根本不夠時間去看的。我還選修了印第安美術史，我想瞭解祖母家族的背景。想不到念這一科對我沒有劣勢，對所有同學來講用英文寫出印第安部落、藝術品的寫法同樣困難。還好，這些靠死記硬背的科目是難不倒我的，不過很快忘記得乾乾淨淨，這倒是個遺憾。

最難的倒是去接受不同國家，不同文化，不同觀點角度的教育去改變自己。我在中國大陸求學時被封閉了二十多年，在香港每天十多個小時工作，帶孩子，一個保守的大媽出現在一群新潮，天馬行空，標新立異的青年人之中，成為這團隊一分子，該是多麼大的挑戰。去應付教授們出的古靈精怪題目的功課，不知是想壞了腦子還是笑壞了，真夠嗆！看我藝術系的同學，舌頭戴顆珠子，鼻子穿個環，頭髮剃成像個大雞冠都是見怪不怪，他們都是決心追求藝術前衛的年輕人，有創意才是最棒的。

火鳳凰

只是有些人看不慣和不接受而已。我簡直是像籠子裡的小鳥被一下子放到了天空，不知所措。可是我還是喜歡飛翔在自由的空中。我們並不是做完了一個作品就是完成了功課，還要寫出來，為什麼要做這個作品，要說明什麼問題？誰是你的觀眾？接著讓所有學生圍觀提出批評，有什麼好的和要改進的。這也不是件容易的事，我有個同學做了個骷髏頭下面墊了本舊書放在草地上，他表達不到主題，只是他說喜歡。所有同學看了後批評他這個作品沒意義，七嘴八舌的，想不到這堂堂七尺漢子流出眼淚來了。我說，我看出來了，這作品表現那些不合時宜的舊觀點和事物都要像骷髏頭一樣要埋葬在土裡讓各種新思想和新事物像下面的青草一樣生氣勃勃成長，教授終於也接受了這個說法，這同學破涕為笑了。同學也喜歡和我一起，我雖然說英文不太流利，不過反應快，鬼主意多，同學們有時分成一個個團隊，一起討論，一起合作完成一個作品。暑假的時候，我們一起為學校附近的社區中心（University Heights Center）做雕塑，我做的銅製品蘋果和書一直在那裡作為永久的陳列品呢。

　　畢業時我做的三個銅雕都得到好評。一個叫《進退兩難》是自我描述二〇〇三年沙士期間，整個人像分裂成兩半，心牽掛著香港的親人而身在美國的困境。一個叫《幻變》，一隻螞蟻嬉戲在由籃球碎片變成的葉子上，是傳達一個把廢料循環再造的環保意識。還有一個叫《結合》，底座是中國古典銅杯，上面放的是浪漫抽象的鋁製天鵝，是表現東西方藝術的結合。（這些銅雕在摺頁中）

　　在大學我還學過陶瓷，是用手做的那種，不是用機器做瓶瓶罐罐。還學首飾設計，親自打造送給自己的戒指，項

鍊。學過版畫，有時把不同的材料合成在一張畫中。做過把廢料變成藝術品，我的姪女還穿過我用飲筒做成裙子當我的模特兒呢。在華盛頓大學我所學到的不單是雕塑技巧，最重要的是開放了思想，接觸了我從來沒有見過的世界，有創新的意念，使我眼界大開。同時使我能勇於接受批評，讓我進入到一個全新的思想領域之中。

二〇〇四年夏天，我和兒子同時畢業，大家一齊行畢業禮。這是一時的佳話。我的家人和朋友們從紐約，加州等地都來觀禮和慶祝，我的努力總算沒有白費、這個老學生終於完了個大學夢。我做了兩件作品送給自己，（這些作品在摺頁中）一個名為《圓夢》木造的裝畫箱子，另一個是《畢業》由三組不同材料的立體畫構成：一幅在皚皚雪山之下，在華大美術學院，一隻銅龜和一組雕塑。是形容我自己 Slow Learner，在華大學習緩慢遲鈍的學生。一幅是雕塑系的一些工具和材料，還有一幅是我和祖母的故事，她從西雅圖到中國，我是從中國到西雅圖，其中有我的故事書，不知冥冥中是否有個循環？

火鳳凰

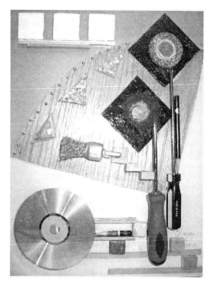

畢業作品。

西城風雨
上學去

火鳳凰

西城風雨
上學去

上法庭

我們中國人常言道：「生不入官門，死不入地獄。」可是到了美國，我覺得上法庭倒是一件平常事，法律是能夠保護我們小市民的權利。西雅圖就有免費的律師諮詢服務，只要預先預約了，可以和律師談話半小時。把你的案件告訴他，問他的意見。但他是不能代表你上法庭的。對我來說這是十分有用的，起碼能夠瞭解美國的法律。

大事當然要找代表你上法庭的律師。像收到員警的駕車的罰單這樣的小事，要是不服氣，可以選擇自己上法庭而不需要律師。要是親自上法庭向法官求情，法官一般都會減輕一點罰金，要是你的理由充分，還可以把罰金免去。要是員警不上庭，拿不到證據，員警反而會被判輸。

想不到像我開車那麼小心翼翼的人居然接到超速駕駛的罰單。那天我開車和父親去買菜，車到了小山崗上，我看了限速是三十哩，我的車速也是三十哩，我沒有刹車讓車溜下去，這時四處沒人沒車，但被員警截停了給了罰單。我十分不服氣，那時候還沒有錄像機。上了法庭，法官說要是妳當時沒有刹車的話，車下坡會有加速度，是會超速的，不過妳不是有意只是超了一點點，就把罰金減了一半。我覺得也合理，起碼法官接受我的申訴。

但有些官非是避無可避的，也許是美國人喜歡訴訟。雖然大多數美國人真正純良，可有些人簡直不講道理。我曾被一間裝修公司的老闆娘告上了小額錢債法庭，我被迫捍衛自己的權利，其實案子真可笑得很。

　　那次我的房客錯踏車的油門當作刹車，把車房熱水爐和暖氣爐撞倒了，把車房的牆撞破了一個洞，把車房後面的洗手間鏡子、洗手盆都撞壞了。房客的車子的保險公司答應賠償裝修的費用。我找了家裝修公司去修理，當他們說已經修好了讓我去付錢的時候，那牆壁還是彎彎的，連鏡子都掛不上去。可是我越看越不放心，不知道對房子的結構有什麼影響？我要他們重修，可是裝修公司的老闆說他們沒有時間，可以少收兩千塊，我同意了，我以為是小問題，先讓房客有洗手間用，以後可以找人再修。在我和老闆都同意的情況下，我付了錢，他同意少收兩千塊，也簽了名作實。可是沒過幾天，老闆娘把我告上小額錢債法庭，要我還兩千塊錢。

　　我根本不知道應該怎麼辦，我去找了義務律師幫忙。律師跟我說這家裝修公司是無理取鬧，不過讓車子撞壞了房子不是小事，應該申請裝修許可證，等修好了再讓專業人員去檢驗才能保證房子沒問題。到小額錢債法庭是要你自己在庭上申訴，沒有律師，但可以有翻譯。

　　後來我到城市許可證中心（City Permit Center）去問，並把我的情況對工作人員說明白，他們說，房子被撞壞是個大問題，馬上就派人去看我的房子，並且教我怎樣填好申請表。熱水爐、暖爐、修牆壁的許可證的收費分別是五十元左右。那專業的檢查人員要求把牆壁重新拆開讓他們檢查看看有沒有木頭爛在裡面，讓他們檢查後認為沒問題才能夠把石

西城風雨
上法庭

膏板釘上。當工人把牆壁拆開，結果發現了兩根柱子被車撞斷了，裝修公司工人也沒有檢查清楚就把牆壁的破洞補上去就算，同時裝修公司修的牆也違反了防火條例，沒有裝上合適的石膏板，所以裝修公司必須重修牆壁，定要把柱子換掉。

結果我上了法庭反控裝修公司沒有完成好工程，要他賠償重修的損失，我當然找了另外一家裝修公司給的重修的估價。法庭判了我勝訴。這一下可好了，總算讓我放心了。不然的話，兩根柱子撞壞了也不知道，那該多危險啊。這次上法庭使我認認真真地上了一課，這是在學校學不到的，不但學到上法庭的法律程式還覺得申請裝修許可證真是有用極了，讓那些政府的專業人士去檢查和指導那些裝修工人的工作，如何去做才能達到安全條例和符合政府的要求，對我們這些不懂建築的小市民才有保障。

有時犯官非並不是壞事，吃一塹，長一智！

交通意外

　　常人道：行船跑馬三分險，我認為是行船開車三分險。我在考駕駛證的時候已經知道平均每人在一生駕駛生涯中至少遇到一次車禍。在美國因交通意外而死的人比越戰還多。自從我在第一次考駕駛證的那天遇到交通意外，我以為倒楣已經盡了頭，誰知道這種意外還是一件接一件，不過總算幸運沒有丟了性命，整個人還完整無缺，謝天謝地！

　　我自認駕駛技術不太高明，可是我是十分小心翼翼的。除了那次我穿了拖鞋去游泳在回家的路上，在小路出大路時為了看清楚大路上有沒有車的時候，我的腳正踏著剎車板，可是由於腳上濕滑，腳從拖鞋裡滑了出來，那車就剎不住直衝到大路，我腦筋一片空白，只會大聲尖叫，眼怔怔讓我的車撞上一輛大垃圾車的後面。要是當時我不是那麼糊塗，把方向盤輕輕向右一轉，因為右面車道上根本沒有車，也不會讓車子撞上去。我下車看看，幸虧大垃圾車後面十分結實，一點事也沒有，只是我的車頭撞壞了，我發著抖開了車回家，也不知道車上掛的車牌已經丟在路上了，有員警追著我把車牌送到家，我才知道當時是那麼狼狽！

　　從此以後我開車更小心了，不會在車上打電話聊天，吃東西，隨便轉換車道。就算堵車的時候，我不會著急反而慶幸有個讓我休息的機會。有次在高速公路上車輪突然爆胎，

我還能盡力控制著車子，讓車子離開高速公路，雖然停了車以後不能自控大哭一場。我還以為有多年的開車經驗，沒有那麼惶恐了，應該有進步了。小意外還是有的，但都不是我的錯，二十年來我的駕駛紀錄良好。我先生說，好的司機不是自己開車沒有犯錯就算，而是別人犯錯時你能夠避開不發生車禍。可是有的車禍是絕對避不開的，那次的車禍幾乎要了我的命。

記得那天是星期天，我起得很早，因為我要做西雅圖兒童畫畫比賽的評判。通常我上教畫課和有什麼約會的話，就算路上只要花半小時的車程，我也會提早一個半小時，包括堵車和找車位，我在美國教了二十年畫畫課，也從來沒遲到。我開的是剛剛買了還不到兩年高高大大的五人新車，前一輛由於開了十三年，開始經常出問題了，就換掉了。為了增加我開車的安全感，我買了生平最貴的車。

星期天早上路上沒有什麼車，交通十分順暢。還沒上高速公路，就在我家附近，剛亮了綠燈，我一開車，突然一輛車出現在我前面，我緊急剎車。砰！一聲猛烈的碰撞，幸虧我的車好，被撞旋轉一圈停下來，不會被撞飛到其他地方，氣袋也蹦出來，我眼前一黑，在迷迷糊糊中，我摸到了手機還勉強打電話報了警。員警來了，救護車也來了，我根本不知發生了什麼事就被救護車送到了醫院，模糊地聽到有車衝了紅燈，並且撞壞了一根燈柱。我在醫院做了一系列的檢查，還好沒有嚴重受傷。醫生說，要是妳覺得頭痛、頭昏的話要馬上到醫院檢查。脖子和腰痛是免不了，以後需要做物理治療。

遇到了交通意外到醫院做檢查是非常必須的。我姨夫有次撞了車以為沒有大事，沒有到醫院檢查。誰知過了幾天他暈倒在家裡面，沒有人知道，後來剛好我弟弟上門找他，才救了他一命，原來由於車禍他的腦子被碰撞後出了瘀血，幾乎出了命案。那脖子和腰椎的錯位可大可小，弄不好也會終身殘廢。我的脖子和腰痛得厲害，每星期要做針灸和推拿，當然找的是有美國政府允許的牌照的醫療中心和醫生。這些都是車禍後少不了要做的事。

　　最難的是要找個好律師。這樣的案子不找律師是不行的。就算小案子以為不找律師可以由自己辦，原來更加麻煩。有次我的車子在紅燈前停著沒動，一輛巴士拐彎靠得太近了，把我的車燈撞壞了，巴士司機也道了歉。我讓女兒打電話去給對方保險公司，人家愛理不理的。後來我在律師那裡簽了字委託讓他們辦理，不久就收到修車的支票。可是律師不一定接受所有關於車禍賠償的案件，因為做這樣的案件律師一般先給你打官司，贏了的話才收取賠償的三分之一作為律師費用。在香港這是不合法的，叫包攬訴訟。在美國是合法的，但是律師是無寶不落的，要是沒有把握贏官司，就根本不會接案件，又或者半路就退出不幹了。

　　我朋友介紹一個律師給我，他的助理是個中國人，大家溝通容易。他馬上叫我去取員警的現場報告看看有沒有證人在場，因為他根據我說是對方衝了紅燈撞了我的車，要是沒有證人的話，律師是不會接這案子的。因為現場沒有錄像機，上了法庭的話，法官不知相信誰，到底是誰的錯？這樣的案件是沒有把握贏的，要是想打官司，可以自己付錢，既然律師也沒有信心的話，這種案件我們小市民只有含冤大叫

倒楣罷了。我心裡著急得很，要等上幾天才可以看到員警報告。我的車被拖到車場去了，經過保險公司職員來檢驗，他們說由於撞上了車頭，整輛車完全報廢了。我難過得要命，也不知怎麼辦好？大家都安慰我，人沒有事就好了，是不幸中的大幸啊！

　　員警報告出來了，我一看真說不出多少感激之情！這員警描述得非常詳細，把車相撞的情況用圖畫下來了，還找到一個目擊證人寫下看到開那輛車的十六歲少年高速衝了紅燈，撞了我的車以後再連撞四、五輛車和燈柱。員警還給了這少年的罰單。為了表揚這員警做事認真負責，我寫了信去警察局稱讚他和他的隊友。等案件完成以後我也寫了信給證人感謝他仗義相助。人海茫茫我跟他素未相識，但他卻能花時間留在現場為我作證。真使我感動又感恩。

　　對方保險馬上賠償我買車的費用，那當然是折舊的，我要買新車還要多補一萬多塊。接著我每星期做三次物理治療，慢慢地變為兩次，一次……就這樣折騰了一年多，精神和肉體不勝煩擾。要是懶得看醫生或醫生證明沒有受傷，那當然不能得到人體受傷賠償。兩年後我收到了一點對人體受傷的賠償，因為那少年買的保險金額用完了還不夠賠。我的律師再告我的保險公司讓他們再賠償我的醫療費用。這一切都沒有上庭，是庭外和解。反正我收到的賠償金三分之一給了律師，三分之一給了醫生。麻煩事終於有個了斷。

　　不管如何，不是你小心開車就不會有交通意外，還要每人都得小心。在美國開車的人從十六歲到九十多歲，不能開車就像沒有了腿，生了病還得自己開車去看醫生，有些人性子急躁得要命，有些人在車上辦公、打電話，有些人玩手

機、吃東西、化妝……交通意外還會少嗎？這裡公共汽車的班次少，有時去一個地方要轉幾次車，夏天還沒有什麼，冬天可冷壞了。有時錯過了一班車就得多等一個小時。我非常懷念香港的交通設施：地鐵、巴士、小巴、電車、的士，交通方便真沒話說。不過每個國家和地方都有不同的優劣。改不了環境，就必須改變自己去適應環境，這才是生存之道。

　　我真希望能活到親眼看到無人駕駛車輛面世，到那時候，交通意外一定會減少，那些像我這種有開車恐懼症的人才能有機會解脫。又也許有一天美國也會變得像香港那樣交通方便就好了！

與癌魔拚搏

　　我想不到得了絕症！時間都到哪裡去了？畢業以後本來計畫多多，可是身體卻垮下來了，先後回香港做了膝關節骨刺切除手術和子宮切除手術，還遇到了大車禍，這些都熬過了。我努力地鍛鍊身體，每天堅持做運動，打乒乓球，跳舞，游泳，我自己感覺到身體一天比一天好。這是二〇一四年的夏天，我準備檢查了身體以後打算跟妹妹去旅行，她連機票都買好了。這年我已經夠了六十五歲可以有政府的醫療保險，我主要是讓醫生檢查肝臟，因為以前的報告是說我有脂肪肝，或許有點硬化。

　　當檢驗報告出來，肝臟倒沒有問題，剛巧在 CT 片上可以看到肺部的下端，醫生告訴我說發現有個小洞。我起初真沒有在意，我以為還在小時候患過肺病，治好了以後的一些鈣化點而已。美國的醫療系統真的很好，很快我就收到信叫我馬上到華盛頓大學癌症醫院接受進一步的檢查。醫生再做了個正電子掃描，告訴我說我患了第二期的肺癌。我根本不相信，我好好的，連一點兒咳嗽都沒有，生命好像還沒有開始，怎麼就要到了盡頭？

　　華大醫院是教學的醫院，這時有個學生問我可不可以讓他們也研究我的病情，本來看完了醫生我可以走了，不過為了支持我的母校便答應了他的要求。他讓我填好了表格，要

再等一下讓他們再多抽一次血。我再等了半個多小時，突然我像崩潰了，不由自主淚流滿臉。我想起我的小表舅舅，他只是比我大兩歲，小時候我們常玩在一起。他是陪他媽媽去醫院看病順便也檢查一下才發現是肺癌的，去世時只是三十多歲。他長得黑黑紅紅的，強壯結實，想不到卻是我們家族去得最快的人。我從來都是個十分堅強的人，這時卻徬徨不知所措。那學生不忍讓我繼續等，讓我馬上回家。我倒是沒緣成為他們的教學課題，不過我好像感到有點內疚。

醫生建議我馬上做手術切除右肺的三分之一，還有氣管上的一顆有癌細胞的淋巴。肺癌第二期的人要是做了手術，有五成的成活率。要不要做手術？其實做這個決定也不容易。有些關心我的朋友紛紛寄了許多有關癌症的書給我看，不看還好，看了更加令我困擾。這些書都是叫人別動手術，別化療，一動了癌症就會擴散等等，沒有一本書叫你相信醫生。幸虧還有很多癌症康復了的朋友，有的患了淋巴癌、胰腺癌、子宮癌、腸癌的朋友，他們都康復了，都打電話來鼓勵我，支持我，要我把握時間做手術。其實做每一個決定要拿主意的人只是自己，只有自己才是對自己生命負責的人。沒有錯與對，一切都是命運的安排。我很佩服我母親，在生命的旅途中，她一直是個勇敢的鬥士，在中國或在美國，無論生活多麼困難，她一直努力奮鬥。當她知道自己得了肺癌，她採取各種中西醫的療法，什麼電療、化療、中草藥、氣功等等，最後她的醫生擁抱她說：「對不起，我已盡力了，我找不到什麼方法救妳，只有祝妳好運。」此後，我媽決定放棄，她拒絕吃任何的食物。一個星期後離開了這個世界。其實，做出放棄的決定何嘗不是需要很大的勇氣嗎？

家人用愛來支持也是非常重要，對付這種惡疾，家人應成為戰友。在這生命關鍵的時刻，每個人都有不同的抉擇。我覺得無論病人有什麼決定，作為親人都要尊重他，無條件用愛去支持他。我認識的朋友就沒有一個不是西醫治療而好的，因此我決定還是做手術。醫生先定出方案，他說，先把懷疑是癌細胞的部分切下來馬上拿去化驗，要是確定是癌，就照原計畫切掉右面肺部的三分之一，如果不是癌症，是普通腫瘤的話就只是切除那一小塊。在六月四號我做了手術，醫生把止痛藥都接到我的體內，雖然切口有七寸長，我沒有感覺到疼痛，手術的第二天，醫生就讓我下地走路。不過化驗的結果確定我是得了肺癌，把肺的一部分和感染的淋巴切除了。不過還好，這癌症不是家族遺傳的，使我不會擔心我的兒女會遺傳此惡疾。我想大概以前在香港每天工作十多個小時畫油畫，身體整天一直接觸顏料、火水，工作了二十年，同時一直在吸二手菸的緣故吧。

　　華大癌症醫院的設備很好，服務好也是沒話可說，是在美國醫院中排名最好的第五名。我住的是單人房，以前在香港住公立醫院我也沒所謂，反而在浸會私家醫院雙人房我可受不了。在公立醫院裡不是探病的時間就沒其他人騷擾，可是在私家醫院裡可以讓菲傭、親友隨時來陪，我不斷被同房的人吵得不能入睡。這裡安靜得很，餐單就貼在牆上，點餐只需打電話。我的先生和女兒也從香港來了，和兒子一起每天到醫院看我。我的朋友每天用微信給我支持和問候，雖然有的遠隔萬水千山，他們的關心使我永遠難忘。回家的第二天晚上，一下咳嗽，傷口爆開，突然大量的血水從傷口湧出來，把被子也弄濕了。幸得我先生在旁守護著我，馬上叫救

護車到醫院去。不過不是大問題，我身體康復得很快，我開始每天在家門前散步，做輕微的運動。

　　醫生接著要我用三個月的時間做四次化療，不過只是再多百分之二十的生存機會。為了多這些生存機會，我還要做一次選擇。家裡人大多不同意，他們怕我受不了，因為化療不單殺死癌細胞，還把正常的細胞也殺死了，很多人不是死於癌症，而是死於化療的副作用。可我想，只要有一點點的機會我還是要爭取的。我媽媽做化療時頭髮掉光了，喉頭也燒壞了，不過後來長出黑黑的頭髮。她發現癌症時已是晚期，不過通過治療多了兩年的生存機會。這次的化療真的令我生不如死。那化療藥水一滴滴進入體內，像灼熱洪流在燃燒生命。任何食物包括平常最愛吃的，我都不想吃，看到就反胃。醫院有個廚房，病人可以隨便找食物，並不收錢，可是並沒有什麼人想吃東西。那些要做很多次化療的病人在身體內埋進了一個扎針口，每次不用再找血管。我只要三個禮拜做一次，每次都要在血管裡扎針。因為那些化療藥水使血管變形了，每次都不容易找，我兩手臂都瘀黑一片。回到家什麼書、電視我都不想看，因為根本看不進，只是一片聲音。做完手術只是身體虛弱而已，精神還可以，不會像化療，整個人混混沌沌的。每次打完了化療針還要吃類固醇藥，這藥能讓病人精神好點，不過吃了藥我的血糖馬上升高，臉也腫了起來。

　　好不容易熬過了可怕的三個月，身體慢慢恢復起來再去看醫生。醫生又給我多一個選擇，要我吃抗癌藥。這次我拒絕了！醫生說這種是新藥，說不定癌症永不復發，用在第四期肺癌的病人效果不錯，能延長了生命。不過用在第二期的

病人身上還沒有正確的數據。我在電腦上查過了這種藥，副作用也不少。我對醫生說，你說這藥一定能治我的病，我一定會聽你的話，可是你說不確定，我不會去試了。當我要選擇拒絕醫生的建議，心裡真有點不舒服，面對生死真要很大的承擔責任的勇氣。

　　這就是美國，醫生必須把事情清清楚楚地告訴病人，想要不要治療，要不要食藥，是由病人自己做主。就是需要臨終服務，醫生也告訴病人，病人可以待在家，吃嗎啡等強烈的止痛藥。病人可以預先填好了表格，叫醫生不要搶救。我們華盛頓州允許安樂死，做了一切該做的手續和檢驗後，醫生會為病人開藥，由病人自行了斷。對我來說，我絕對樂意由自己掌握自己的命運，可是美國這種方式不是適合每個人。在中國，我同學的母親也是得了肺癌，一家人都瞞著她，因為我同學說他媽受不了驚嚇，如果她知道實情的話準會嚇死她。他們家人盡量抽時間陪她，她咳嗽多了，家人買些止咳水或煮些潤肺的湯水，大家說，媽呀，妳只是老人咳嗽而已，不要再操勞，該享福了！就這樣，沒有做任何治療，十年過去了，他媽媽還是活得好好的與癌症並存。就是幸好在中國醫生可以把病情告訴病人的親屬，並不一定是她的本人。所以有時我想，當病人完全知道自己的病情不一定是件好事，就要看個人而定。朋友們從各地來看我，還帶來各種抗癌的藥品和藥方。我真的很感謝他們，可是這些藥是不是對我有用？我實在不知道，我只知道每個人的體質都不一樣，一種藥不是適合每個人。不過朋友們的關懷實在令我深深感動，不論何時何地，愛才是最好的靈藥！

火鳳凰

跟著我必須半年去複檢和見醫生。與癌魔拚搏，我不知道我是不是勝利者？要過了五年，才算穩定。為了感謝醫生護士對我的照顧，我捐了一幅有七呎長的西雅圖全景的畫給華大癌症醫院。我現在改變自己的生活規律，不再操勞。我以前不怎麼喜歡吃的菜和水果，現在都要吃多點。但沒吃什麼保健品和中藥。我把運動放在了第一位，每天都到附近的小山坡走走，呼吸新鮮空氣，不管是藍天白雲還是微風雪雨。

　　以為自己做得不錯，可是到了二〇一七年癌症又復發了，又擴散到淋巴。起初不知道，以為是過敏咳嗽，因為照了CT沒有檢查出來。看了各科的醫生，還是找不出咳嗽的原因。直至咳出了血，體重每星期在減輕，晚上睡醒了出一身冷汗，再看醫生照了正電子掃描（PET／CT）才發現問題所在。有人給我介紹了一個出色的癌症醫師，他自己開一家診所，有病人為了看他特意從紐約搬到西雅圖來。我就決定讓這位醫生醫治，也因為他是中國人，二十四小時又需要找他他都會聽電話，我們溝通容易，不比大醫院找醫生談話十分困難，要預先預約。他的方法是吃靶向藥和化療結合起來。我的癌細胞有 EGFR 的基因是不幸中的大幸，因為有靶向藥可以延續生命。可是這些合適的靶向藥平均只能有效八個月到一年，如果做三個月的化療再吃三個月的藥就可以延長藥力的時間，那麼我願意嘗試。即使化療多麼辛苦，還是聽醫生的去試試。我又開始了化療，是每星期一次，做了三次還是咳嗽不減，醫生就叫我先吃藥。很神奇吃了藥就不咳嗽了，檢驗報告出來，癌細胞也沒有了。可是副作用還是很大，身上出疹子非常癢，開始還發炎又紅又腫。舌頭上長期

長瘡，吃飯時痛極了。腳趾頭灌膿，要經常動手術把腳指甲切掉。可是換來生命，我還有什麼可抱怨的呢？

　　第二次做化療進行很不順利。在化療期間突然右下腹疼痛得很，吃了藥止痛一下，到了晚上要叫救護車上醫院。但是檢查不到什麼。第二天痛得受不了又上醫院，這次照 CT 說是可能尿道有癌細胞，還插了一條管子，等幾個月取出來。我真不明白這 CT 分別做才隔了兩天，卻是完全不同的結果，反正不痛了，我不管了，多一種癌也沒有什麼了，我不願意再做化療了。就算化療能延長藥力，可是延長了在化療中那些痛苦的日子根本沒有生活的質量。我又開始吃靶向藥，除了副作用以外一切都很好，可以回香港見親友，還可以去旅遊。不過醫生還是在說服我要做化療，讓藥力可以更持久。我再說服自己再試一試。白血球低可以在醫院打針，血小板低了可以吃花生衣的藥丸，紅血球低可以吃有營養食物。我很努力照著醫生的吩咐做，一共十二次。我才做了九次，身體越來越差，走路喘氣，我還以為是正常的，原來我身體的器官在抗議。

　　我看了醫生馬上被送進了瑞士醫院的 ICU 急救，原來是肺炎和肺栓塞，我呼吸很辛苦，要用較強了的氧氣機。我的肺炎不是由細菌引起，是化療的結果，不需要吃抗生素。是由於有血塊堵住了肺血管了。醫生說是不能做手術的，只吃溶血塊的藥。要是一個星期沒有作用的話我會被送到安寧服務中心，因為我不能占用急救室不多的強力氧氣機，普通的病房的氧氣機不夠強力。我和家人和醫生護士社工一起開會，讓我簽好了不要搶救的一切檔，聽天由命好了，我告訴身體上的細胞要給我幫忙，支持我。我當時咳嗽很厲害，不

火鳳凰

但呼吸困難還有痰堵住呼吸，經常要為自己抽痰。每次咳嗽都控制不了小便，我真不好意思經常麻煩護士換床單，每天都打了類固醇，血糖高踞不下，那麼在肚子注射胰島素，滿身插滿了管子，隔了幾小時就被折騰一番。幸好護士們都很好，青年的男護士還能抱我上下床。我的一個好友剛好是醫院的護士，她下了班就來幫我清潔擦身。一共在 ICU 住了九天，花了保險公司十二萬美金，我可以出院了，想不到身體變得更弱，要學習走路，上一層樓要歇三次，還要帶著氧氣瓶回家。想不到經過死亡之吻我熬過來了，出院不久就到加州參加姪女的婚禮，參加了同學會，大家都覺得有點意外，我兒子還能全程陪伴，我有個很歡樂的旅程。知道剩下的時間不多了，在這期間出版了兩本書《西雅圖風風雨雨》《妙趣創新畫》，跟天籟的朋友合作了差不多二十首歌，包括了填詞和唱。也為當年偷渡的死難者出過力。我特別珍惜時間，盡量把希望完成的事去完成，這樣更豐富了生命。

直到二〇二〇年，又是一個難關來了。不單是我，全世界都被武漢肺炎的困擾，美國已經有十一萬人被感染死亡，還有個抗議種族歧視的暴動。大家都被困在家中，很多醫療機構都暫時停止服務。我的靶向藥開始無效，癌指數又上升，換了新藥進展不大。突然有天從肩膀到脖子到牙關疼痛不止，到夜裡吃了止痛藥還不好，我又讓救護車送到醫院去，檢查了沒有結果。過幾天不痛了還以為沒有什麼，可是不能咀嚼，連一條芽菜也咬不動，不能吃東西，只能吃流質食物。右眼皮塌下來，看事物模糊。連說話也咬字困難，不要說唱歌了。我真有生不如死的感覺。我經常出入醫院，尋求治病方法。照了磁共振又發現癌又擴散到腦了，要做手術

除掉腦中五顆腫瘤。幸好科學是進步的，可以用雷射的方式除掉。手術那天，就在腦子中四周打四支麻醉針，實在痛得很。在這位置上用螺絲把腦子固定在一個架子上再固定在床上，以保頭不會移動，手術只需要四十分鐘就可以回家了。可是我還是不能吞食物，說話不清楚，一隻眼睛不能睜開。醫生還沒有確定是什麼病，只是說跟癌症無關。但是做了很多檢查，包括腰刺檢查骨髓，最後還是癌症引起的腦膜炎。這是十分凶險，在癌症中只有百分之三‧五的病例。我不知還能不能撐過這大難？

　　面對死亡我沒有恐懼，當年偷渡沒有死在山上、海裡，這幾十年算是賺到了。我還覺得，生命不在於長短，而在於豐富。我不後悔來了美國，這二十多年見多識廣，就像比別人多活了一世，不是嗎？

火鳳凰

兒童畫畫班

　　當我知道我得了癌症後就決心結束兒童畫畫班。我不知道什麼時候能夠康復，能不能康復？那時候還有半個月的課程沒完。我把許多顏色、畫畫本、小畫框盡可送給學生們，我只是告訴孩子們說我要退休了。我心裡格外沉重，教兒童畫大概快三十年了，在西雅圖教了也有二十多年，這早已成為我生活的一部分。這些年來，因為在星期六要教畫，我從未在這天放假。

　　我很捨不得這些可愛的孩子們，同時教畫畫也是我最開心的日子，上課的時候，我不但教他們畫畫的技巧，顏色的配搭，最重要的是培養小朋友對藝術的興趣，和提高他們的創作力和想像力。每一堂課，我都有個主題，譬如：今天是畫鴨子。我一邊教畫，一邊給他們講個鴨子的故事，我讓小朋友也畫自己想像的故事。小朋友們興高采烈地畫，每人都有不同的想法。有時候我讓學生拿著他們自己創作的畫講述自己的故事。不同的年紀、性別，對畫畫的興趣有不同。兩個分別四、五歲的孩子，一個畫了小鴨子拿著旗子跟著鴨媽媽玩，另外一個畫了當鴨媽媽在孵蛋的時候，給媽媽送蘋果蛋糕等食物。這兩個孩子都把自己代入了像小鴨子，畫面上充滿了喜悅。一些孩子生來就對畫畫很有興趣，這些可能是天才。但是興趣是能慢慢培養的。孩子需要被愛和被肯定，

他們才能產生興趣和動力。最重要的是孩子在畫畫的時候高高興興地抒發自己。他們畫自己知道的東西，不一定是他們看到的東西。對這些年齡小的孩子，他們並不能很好地表達想要畫的內容，有很多時候只是一個符號。仔細看他們的畫，耐心聽他們說，孩子們的童真也在感動了我，我彷彿回到了童年，那個天馬行空，無拘無束的日子。上課對我和孩子們來說都是那麼開心的一天！

在美國教畫，我用英語、國語、粵語講課。學生有的是新移民，有的從小讓爺爺奶奶帶，不會講英文。有的家長希望孩子能夠講中文，所以有必要講三種語言。我講英文發音不地道，孩子也會笑話我，糾正我。我說，這太好了，你可以當個小老師了！不過你也要像我一樣，大膽講中文。這些美國出生的孩子，由於家裡人講中文，孩子一般都會聽，可是就是不願開口講。有時我給他們提問，我剛才教過鴨子的國語怎樣說？廣東話呢？答對了，有獎！我希望他們不單只是學畫畫，還學到中文。我不單教他們畫聖誕節、母親節、復活節等作題材，還教他們畫很多中國傳統的節日：中秋節、端午節、春節等等，過春節我還給他們紅包，叮囑他們長大了無論多忙，也要在那天回家看父母。

我把孩子分成三班，小的從四歲起，中班七歲起，高班從十歲起。小班是卡通畫為主，對中班的學生我開始教素描、水彩的基本知識，高班的學生更學油畫、國畫、雕塑，我希望讓高班的學生知道各種美術的種類，盡快找自己喜歡的進行深造。有些學生特別喜歡畫油畫人像，有的喜歡設計不同的卡通人物，一般我是根據每個學生的喜好來定個教學計畫。有個學生他從小就喜歡作畫直針直線的，喜歡畫房

子，數學成績也很好。在他高中最後一年，我讓他把自己家的尺寸圖找出來，教他要是改建的話，圖是應該怎樣畫，再由他做一個他家立體的模型，他也覺得非常有興趣。我很掛念他，不知道現在他是不是成了個房屋設計師了？

　　並不是每個孩子都聽聽話話的，有的孩子剛來上課不習慣，會哭哭鬧鬧。有的要我帶他上廁所。也有自閉症的孩子。不過我愛他們，他們是知道的。愛鬧事的小朋友真不多。我記得有個小男孩，剛來上課就用鉛筆把椅子的仿皮坐墊刺穿一個個小洞，我帶他去見主任，我說：「老師沒注意你把東西弄壞了，是老師的錯，你把東西弄壞了，這是你的錯，讓我們一起賠償這個墊子，也讓同學一起監督讓大家以後都要不犯錯。」後來這小男孩對畫畫越來越感興趣，還得到了獎。我有個小祕密，當教師當然是站著說話，不過有時蹲下來跟孩子一樣高，跟他說悄悄話，握著他的手，看著他

的眼睛，他一定把你當作好朋友。也許這樣我跟孩子們很有緣，他們喜歡上我的課。

我的學生很多，我兒女是我在香港最早的一批學生，他們長大了也都有自己的孩子了。在香港，每年的暑假，我都帶學生們外出寫生和參加《星島日報》舉辦的兒童畫畫比賽。一連七屆我的學生們都拿了很多大獎，女兒更是得獎無數，連我也得到過最佳學校獎。在美國畫班的孩子同樣拿到不少比賽獎。

上課時講故事講多了，有的是隨時編的，我把孩子們覺得有興趣的就寫下來，送了兩個故事參加兒童故事創作比賽，結果得到了新雅少年兒童文學創作獎和香港電臺的故事創作獎。我的學生愛聽我講故事，我也開始為學生寫故事書。我的書有中文（繁體字旁邊注有簡體字）、中國漢語拼音和英文，我親自畫插圖，我希望能幫到這些在外國長大的孩子會喜歡學中文。我一連在香港出版了《小老鼠香港自悠行》、《聖誕老人和他的小鹿》、《親親好朋友》、《香港兒歌》、《香港現代童話集》等等。其中《香港兒歌》所有的畫都是畫班的小朋友畫的，根據他們的畫我替他們寫了中英文小詩，替他們講出他們的心裡話。只有一幅是八歲小女孩根據我的英文詩（小魚）畫了多種不同生動有趣的魚類。她畫得好極了！書中充滿了孩子們的可愛純真。我希望也能感染成年人尋回一顆童心，感覺到這世界是無限美好的，充滿新希望的。

對於美感的興趣和對藝術的欣賞是可以陪伴一個人的一生，大多數的學生並不都會成為藝術家，但對於日常生活，不是多了很多樂趣嗎？就算以後年紀老了，去欣賞和創造些

火鳳凰

美麗的事物，也不愁寂寞。我用大半生精力放在兒童畫畫班裡，這是我能給孩子們的，同時兒童畫班也給了我無盡的創作靈感，畫畫、寫書都是源源不斷。我感謝孩子們！

　　結束了畫畫班儘管我心裡非常不捨，可是人生必須有不同的階段。以前結束了香港的一切到美國，何嘗不是如此！不過可能也會是新的開始，我始終充滿了正能量，我相信我是幸運的！

西城風雨
兒童畫畫班

國家圖書館出版品預行編目資料

火鳳凰/袁家倫著. --初版.--臺中市：白象文
化，2020. 11
　　面；　公分.
ISBN 978-986-5559-02-1（平裝）

1.袁家倫 2.傳記

782. 887　　　　　　　　　　　109013982

火鳳凰

作　　　者　袁家倫
校　　　對　謝佳容
封面插畫　袁家倫
專案主編　林孟侃
出版編印　吳適意、林榮威、林孟侃、陳逸儒、黃麗穎
設計創意　張禮南、何佳諠
經銷推廣　李莉吟、莊博亞、劉育姍、李如玉
經紀企劃　張輝潭、洪怡欣、徐錦淳、黃姿虹
營運管理　林金郎、曾千熏
發 行 人　張輝潭
出版發行　白象文化事業有限公司
　　　　　412台中市大里區科技路1號8樓之2（台中軟體園區）
　　　　　出版專線：（04）2496-5995　　傳真：（04）2496-9901
　　　　　401台中市東區和平街228巷44號（經銷部）
　　　　　購書專線：（04）2220-8589　　傳真：（04）2220-8505
印　　　刷　普羅文化股份有限公司
初版一刷　2020 年 11 月
定　　　價　300 元

白象文化　印書小舖　出版・經銷・宣傳・設計
www.ElephantWhite.com.tw　自費出版的領導者　購書 白象文化生活館